Kevin McClure wurde 1950 in Ilford, Essex, geboren. Nach dem Studium am Magdalen College in Oxford arbeitete er zwei Jahre mit Obdachlosen in London. Seit 1969 ist er auf dem Forschungsgebiet des Paranormalen tätig. Er interessierte sich zunächst für Spiritualismus, dann für spontane und physische Phänomene bis hin zu kirchlichen Reaktionen auf außergewöhnliche und paranormale Erfahrungen. Kevin McClure ist aktives Mitglied des renommierten britischen Forscherteams ASSAP, Herausgeber der Zeitschrift *Common Ground* und hat bereits zahlreiche Artikel in Fachpublikationen veröffentlicht. Der Autor ist seit 1974 Staatsbeamter und lebt mit seiner Familie in Leicester.

Deutsche Erstausgabe 1987
© Droemersche Verlagsanstalt Th. Knaur Nachf., München 1987
Das Werk einschließlich aller seiner Teile ist urheberrechtlich geschützt.
Jede Verwertung außerhalb der engen Grenzen des Urheberrechts-
gesetzes ist ohne Zustimmung des Verlages unzulässig und strafbar.
Das gilt insbesondere für Vervielfältigungen, Übersetzungen,
Mikroverfilmungen und die Einspeicherung und Verarbeitung
in elektronischen Systemen.
Titel der Originalausgabe »The Evidence for Visions of the Virgin Mary«
Copyright © 1983 by Kevin McClure
Umschlaggestaltung Adolf Bachmann
Umschlagillustration Christian Dekelver
Satz Auer, Donauwörth
Druck und Bindung Ebner Ulm
Printed in Germany   5 4 3 2 1
ISBN 3-426-03780-7

Kevin McClure:
Beweise: Erscheinungen der Jungfrau Maria

Mit zahlreichen Abbildungen

Aus dem Englischen von Claudia Schmitt

ISBN 3-426-03780-7   980

Inhaltsverzeichnis

Einführung 7

1 Die frühen Erscheinungen: 1061–1830 13

2 La Salette, Frankreich 33

3 Lourdes, Frankreich 47

4 Pontmain, Frankreich 65

5 Knock, Irland 77

6 Fatima, Portugal 95

7 Beauraing, Belgien 117

8 Banneux, Belgien 131

9 Garabandal, Spanien 141

10 Neuere Visionen 155

11 Auswertung des Beweismaterials 179

12 Eine persönliche Stellungnahme 203

Bibliographie und Leseliste 211

Register 215

Die Serie *Die Beweise* wird im Original von *Aquarian Press* in Zusammenarbeit mit der ASSAP (Association for the Scientific Study of Anomalous Phenomena – Gesellschaft für die wissenschaftliche Erforschung übernatürlicher Phänomene) und dem Verlagshaus Hilary Evans herausgegeben. Jedes Buch der Serie liefert einen verständlichen, unparteiischen und aktuellen Überblick über die Zeugnisse, die zu einem bestimmten Phänomen vorliegen.
Jedes Buch ist von einem anerkannten Autor des jeweiligen Fachgebiets verfaßt, der eine klare Darstellung der Tatsachen liefert und sie im Lichte seiner eigenen Erfahrungen und Forschungen analysiert.

Die ASSAP wurde 1981 gegründet, um Wissenschaftler zusammenzubringen, die auf verschiedenen Gebieten der Erforschung des Übernatürlichen arbeiten. Die ASSAP will nicht mit anderen Vereinigungen oder Organisationen in Konkurrenz treten, sondern als verbindende Organisation den Mitgliedern bereits bestehender Gruppen die Möglichkeit geben, Meinungen und Informationen auszutauschen und an bestimmte Hilfsmittel heranzukommen. Die ASSAP bringt eigene Publikationen heraus, verfügt über eigene Archive und Bibliotheken und veranstaltet regelmäßig öffentliche Konferenzen und Übungsseminare in verschiedenen Teilen Englands: die ASSAP arbeitet mit lokalen Gruppen zusammen oder bildet selbst neue an Orten, wo es keine gibt.
Unter den Mitgliedern der ASSAP finden sich Menschen aus den verschiedensten Bereichen des öffentlichen Lebens, die alle der Meinung sind, daß man nur auf wissenschaftlichem Wege eine Lösung für diese Rätsel finden kann. Sie sind weder unkritische »Leichtgläubige« noch übertriebene Skeptiker und lassen sich von den Zeugnissen leiten.

Anmerkung: Mit Stern gekennzeichnete Abbildungen wurden uns von der Mary Evans Picture Library zur Verfügung gestellt.

Einführung

Dies ist weder ein religiöses noch ein anti-religiöses Buch. Mit einfachen Worten, es handelt sich um den Vorstoß in einen bedeutenden, aber ungewöhnlichen Bereich menschlicher Erfahrung; ein Bericht über das, was während der vergangenen 1000 Jahre nach eigenen Angaben vielen Erwachsenen und Kindern widerfuhr. Es behandelt die gesamte Zeitspanne, in der – in Europa und in beiden Teilen von Amerika – Menschen Erscheinungen von Gestalten hatten, die sie hörten und sahen und die sich entweder selbst als die Jungfrau Maria ausgaben oder aber so interpretiert wurden.
Trotzdem ist nicht alles so einfach, wie es scheint. Über Visionen und Erscheinungen im allgemeinen zu schreiben, über das Paranormale, wenn Sie so wollen, ist zwar verhältnismäßig leicht: Menschen können erzählen, sie hätten Feen, Marsmenschen, kleine Teufel mit Hörnern und Schwanz, abscheuliche Schneemenschen oder sonstwas gesehen. Aber gerade dann stellt sich die Aufgabe, Untersuchungen anzustellen, Gespräche zu führen und den Versuch einer vernünftigen Erklärung für diese Erlebnisse zu wagen. Auch wenn der Zeuge einer Erscheinung davon überzeugt ist, er hätte einen bestimmten Auftrag auszuführen – speziell im Fall von UFOs –, ist dies für andere Menschen meist ohne Bedeutung. Man kann diese Erfahrungen ohne weiteres isoliert voneinander betrachten, denn die Ausnahme, daß zwei Fälle einen direkten und eindeutigen Bezug zueinander haben, tritt selten auf. Etwas ganz anderes ist es, die ungeheure Menge von Berichten und Schilderungen über Visionen der Jungfrau Maria in ihren verschiedenen Erscheinungsformen und unter den unterschiedlichsten Gesichtspunkten zu erfassen. Es gibt ein Argument, das ich ohne zu zögern als Beweis für die Gültigkeit und Echtheit eines Phänomens werten würde:

wenn nämlich nachgewiesen werden kann, daß es unabhängig an verschiedenen Orten und zu verschiedenen Zeiten stattgefunden hat. Und wenn es ein Phänomen gibt, das zumindest auf den ersten Blick diese Gewißheit vermitteln kann, dann sind es Marienerscheinungen.
Deshalb hat dieses Buch, wie im Titel angedeutet, zum Ziel, die Glaubwürdigkeit von Visionen, die schon seit langer Zeit und an den verschiedensten Orten stattfinden, zu untersuchen, darzulegen und festzustellen. Dabei gibt es Punkte, die im einzelnen Fall etwas beweisen, und andere, die nur einen Beweiswert haben, wenn man einen Zusammenhang zwischen verschiedenen Erscheinungen herstellt. Der ideale Beweis wäre natürlich eine Gruppe von Kindern, von denen wir sicher wüßten, daß sie nie etwas von der historischen Figur der Maria, der Mutter Gottes, gehört haben und dennoch von einer »Begegnung« mit einer jungen Frau jüdischen Aussehens berichten, in deren Verlauf die Gestalt mit ihnen gesprochen, vielleicht Prophezeiungen gemacht oder Wunderheilungen vollbracht und sich eindeutig zu erkennen gegeben hätte. Aber da die Visionen fast ausschließlich in katholischen Ländern oder Gegenden auftreten, gibt es einen solchen Idealfall leider nicht.
Was wir dagegen erkennen können, ist eine klare Entwicklungslinie und eindeutige Zusammenhänge zwischen den Visionen und den Sehern. Einige der frühen Seher mögen naiv und ihre Geschichten platt und einfach erscheinen. Manche Kinder wiederum, die in jüngerer Zeit Visionen hatten, schienen schon genau zu wissen, wie man sich im Fall einer Marienerscheinung verhält, gerade so wie andere Kinder lernen, sich im Restaurant richtig zu benehmen oder die Straße zu überqueren. Sie haben ein Erlebnis, das sie als Erscheinung interpretieren und folgen plötzlich einem komplexen Verhaltensmuster, das sie von anderen Sehern aus früherer Zeit übernommen haben. Wir werden viele Erscheinungen dieser Art kennenlernen, und es ist oft sehr schwierig zu entscheiden, wo ein spontanes Erlebnis

aufhört und ein angelerntes, konditioniertes Verhalten beginnt.
Unter Berücksichtigung dieser Aspekte habe ich im vorliegenden Buch versucht, bei der Darstellung der mannigfaltigen Visionen bestimmte Gesichtspunkte hervorzuheben, die es uns erleichtern können, die Echtheit jeder einzelnen Erscheinung und den Zusammenhang aller Erscheinungen untereinander festzustellen. Wo es eine Serie von Visionen gibt, die von einem Zeugen oder einer Gruppe von Zeugen belegt werden (was häufig der Fall ist), habe ich die frühen Erscheinungen besonders hervorgehoben und in erster Linie aus ihnen auf die jeweilige Glaubwürdigkeit geschlossen. Dies geschah in der Annahme, daß die frühen Visionen einer ganzen Serie am ehesten unerwartet und spontan sind, obwohl man hier nicht unbedingt verallgemeinern kann.
Weil wir die Merkmale und Handlungen eines bestimmten Menschen – auch wenn dieser Mensch die Heilige Jungfrau ist – behandeln, habe ich Aspekte herausgegriffen, die einen direkten Vergleich ermöglichen. Meistens betrifft er die äußere Erscheinungsform der Gestalt. Merkmale wie Gesichtsschnitt, Körperbau, Farbe und Frisur des Haares, Kleidung und Schmuck, Anfang und Ende der Erscheinung sowie die Gespräche zwischen der erscheinenden Gestalt und dem Seher sind dabei von besonderem Interesse. Wo immer es möglich war, habe ich diese Details in die Untersuchung des Falls einbezogen.
Natürlich sind Wiederholungen und Zusammenhänge zwischen den einzelnen Erscheinungen von weit geringerer Bedeutung, wenn nachgewiesen werden kann, daß der jeweilige Seher von früheren Erscheinungen wußte. Ich habe deshalb wichtige Daten aus dem Leben der Zeugen gesammelt und versucht, einen Überblick über ihre allgemeine und religiöse Erziehung und Bildung zu geben. In diesem Zusammenhang bemühte ich mich auch, Kontakte nachzuweisen, die während der Dauer einer Erscheinung oder

während einer Reihe von Erscheinungen zwischen den Zeugen der Vision und anderen Personen bestanden haben, die über Erscheinungen informiert waren und sich in der katholischen Religion auskannten. Solche Kontakte werden mit fortschreitender Zeit, bis hin zu den jüngsten Fällen von Marienerscheinungen, immer häufiger.

Manche Gesichtspunkte, die in »religiösen« Berichten über Visionen besonders hervorgehoben werden, hielt ich für weniger wichtig, etwa die Heilungen und Bekehrungen, die so oft eine selbstverständliche, ja unvermeidbare Folge von Marienerscheinungen sind. In fast jedem größeren Fall nach 1830 gehen Wunderheilungen, Wallfahrten und Massenbekehrungen Hand in Hand. Oft sind es die »wunderbaren Heilungen«, die eine Kapelle oder eine Wallfahrtsstätte berühmt machen, und nicht die Erscheinungen selbst. Auf die Heilungen werde ich am Ende des Buches eingehen, wenn ich die Beweismomente zusammentrage, aber es scheint mir wichtig, schon hier darauf hinzuweisen, daß Heilungen anscheinend auch dann stattfinden, wenn die Echtheit der Erscheinungen, mit denen sie im Zusammenhang stehen, nicht nachgewiesen werden kann: sie stellen sich sogar in völlig unglaubwürdigen Fällen ein. Meiner Meinung nach handelt es sich bei den Heilungen um ein gesondertes, wenn auch ebenso faszinierendes Phänomen, das wahrscheinlich mit dem *menschlichen* Geist und Körper zu tun hat.

Der Großteil dieses Buches ist rein historisch und muß sich mit dem Problem einander widersprechender Zeugnisse befassen, dem alle Geschichtsschreiber bei ihrer Arbeit begegnen. In etlichen Fällen, wo es zu einem Ereignis Erzählungen aus verschiedenen Quellen gibt, sind diese unzusammenhängend oder widersprechen sich in wichtigen Punkten. Manchmal hatte ich Gelegenheit, im Text herauszustellen, wo diese Widersprüche auftauchten. Aber meistens mußte ich den schwierigeren Weg einschlagen und versuchen, den Sachverhalt dadurch zu schildern, daß ich die verschiedenen Erzählungen gegeneinander abwog, um den tatsächlichen Ereignissen so nah wie möglich zu kommen. Wo immer es möglich war, habe ich Augenzeugenberichte zitiert, auch wenn diese oft erst Jahre nach dem Ereignis verfaßt wurden. Meine allgemeine Vorgehensweise hielt mich jedoch meistens davon ab, genauere Literaturangaben zu machen; dafür bitte ich den Leser um Verständnis, auch wenn in der Bibliographie ein Großteil der Quellen verzeichnet ist, zu denen ich Zugang hatte. Dieser Umstand mag dem Leser wohl die Überprüfung der Genauigkeit, mit der ich gearbeitet habe, erschweren, sollte es ihm aber möglich machen, das Buch in dem von mir beabsichtigten Sinne zu benützen: es kam mir darauf an, hinreichend objektive Berichte zusammenzutragen und dann den Leser selbständig entscheiden zu lassen, was die Erscheinungen bedeuten und woher sie kommen könnten. Es gibt noch ein Problem, das sich durch alle Erzählungen hindurchzieht: Was beweist die Glaubwürdigkeit, wenn sie einmal festgestellt wurde, eigentlich? Beweist sie, daß die jeweiligen »Zeugen« Erscheinungen hatten, von denen sie glaubten, es sei die Jungfrau Maria? Oder beweist sie, daß ihnen die Jungfrau Maria tatsächlich erschien? Wollte man diese beiden Fragen beantworten, dann müßte man das Material, das in diesem Buch zusammengetragen ist, über die geschichtliche Betrachtung hinaus in einen weit umfassenderen Erklärungszusammenhang stellen.

I

Die frühen Erscheinungen: 1061–1830

Die frühen Berichte und Darstellungen von Visionen und Erscheinungen der Jungfrau Maria sind natürlich wie die meisten Geschichten aus jenen Zeiten selten mehr als Legenden. Sogar in gesicherten Fällen aus unserem Jahrhundert gibt es, wie wir noch sehen werden, immer wieder erstaunlich vage Punkte und Unstimmigkeiten, die nicht gelöst werden können. Bei Berichten, die im Original vor 1830 verfaßt wurden, ist die Lage noch schlechter: der Großteil von ihnen entzieht sich jeder Nachprüfbarkeit und deshalb auch jeglichem Nachweis von Wahrscheinlichkeit. Das Wichtigste ist jedoch, daß es Berichte von Visionen, die 900 Jahre zurückliegen, *gibt*, auch wenn wir über deren Erscheinungsformen nie absolut sicher sein werden. Und es gibt Fälle der einen oder anderen Art, die von jeher erzählt werden. Wenn man davon ausgeht, daß es ohne Feuer keinen Rauch gibt und daß auch Legenden irgendwo ihren Ursprung haben müssen, dann meine ich, sollten wir wenigstens das bloße Ausmaß dieser Erscheinung beachten. Gerade die enorme Vielfalt von Fällen macht eine Auswahl der typischsten erst möglich, zusammen mit solchen, die einen besonders nachhaltigen Einfluß ausgeübt haben, oder solchen, die einem möglichen Schema einer überall zu beobachtenden Entwicklung in der Geschichte der Marienerscheinungen entsprechen. Daneben gibt es natürlich noch viele andere.

In gewissem Sinne scheinen die Visionen dem Nichts entsprungen zu sein: es stellt sich als unmöglich heraus, einem »idealen Schema« auf die Spur zu kommen, einem Schema, in dem seit dem physischen Tod der physischen Jungfrau Maria die Figur der erscheinenden Maria regelmäßig auftauchte, als eine historische Figur, die von Christen und

Historikern gleichermaßen als die Mutter Jesu anerkannt würde. Auf der anderen Seite kann man sagen, daß in gleichem Maße, wie sich das Persönlichkeitsbild und der Kult Mariens schrittweise durch die turbulente Geschichte der Frühkirche hindurch entwickelte – damals wurden die meisten Glaubensinhalte und Lehrsätze der westlichen Christenheit von Männern formuliert, die wir vielleicht als gebildet, doch alles andere als heilig betrachten –, sich auch das allgemeine Klischee und die Vorstellung davon entwickelten, was eine Erscheinung der Jungfrau einschließen müsse. Natürlich wurden visionäre Erlebnisse sowohl weltlichen als auch religiösen Inhalts seit jeher und aus allen Teilen der Welt berichtet. Aber im Falle Marias scheint es nahezu 1000 Jahre gedauert zu haben, bis eine Erscheinung auf allgemeines Interesse und Glaubwürdigkeit stieß und den Glauben fand, den ihr die Pilger schenkten. Seltsamerweise sollte ausgerechnet eine Vision, die sich in England ereignete, ebenso große Bedeutung erlangen wie jede andere der frühen Erscheinungen.

Walsingham

Der bedeutendste Wallfahrtsort auf dem englischen Festland ist zweifellos die Stadt Walsingham in der Grafschaft Norfolk. Er hat als eine Stätte der Marienverehrung eine lange und aufregende Geschichte, und seit der ersten Erscheinung trug sich vieles zu, was Anlaß zu Rätseln und Verwunderung gab. Ich habe mich mit vielen Menschen, Katholiken und Nicht-Katholiken, über ihren Besuch in Walsingham unterhalten, und alle sprachen von der Faszination, die dieser Ort und seine Atmosphäre auf sie ausübten. Allerdings war ich erstaunt darüber, wie wenig sie über die Erscheinung wußten, die zur Gründung des Marienverehrungsortes Walsingham geführt hatte und wie vage die Vorstellung vieler Pilger von den überlieferten

»Fakten« waren. Hier wie überall sonst interessiert den echten Gläubigen vor allem der besondere Wert des Wallfahrtsortes und ein bestimmter, dort praktizierter Kult. Vielleicht bin ich ein wenig skeptisch und zu kleinlich, aber einiges an der Geschichte scheint mir doch ein wenig überspannt.

Folgendes etwa trug sich zu: Im Jahre 1061 hatte in Little Walsingham, einem Dörfchen in Norfolk, eine gewisse Richeldis, die dort Gutsherrin war, drei Erscheinungen der Jungfrau Maria. Schriftliche Aufzeichnungen ließen sich zwar nicht finden, aber der Gehalt der Begebenheit ist auch so klar genug. In jeder Vision erschien Maria in dem Haus in Nazareth, in dem Jesus aufgewachsen war, und Richeldis erhielt den Auftrag, das Haus genau so, wie sie es in der Erscheinung gesehen hatte, auf ihrem eigenen Gut in Walsingham nachbauen zu lassen. Obwohl der erste schriftliche Bericht über die Vision sehr spät, nämlich im Jahre 1465, verfaßt wurde, werden in verschiedenen Schilderungen die Worte der Jungfrau etwa folgendermaßen wiedergegeben: »Und dort, in dem kleinen Haus in Walsingham, soll meine große Freude über die Botschaft des Heiligen Gabriel in Erinnerung gehalten werden, als dieser mir sagte, ich solle die demütige Mutter von Gottes Sohn werden.« Es wird auch behauptet, Maria habe genaue Maße für den Bau des Hauses angegeben.

Was danach kommt, ist reine Legende und weiter nichts. Außerdem ist es eine Geschichte, die es in Varianten und in anderen Zusammenhängen überall auf der Welt gibt. Richeldis befahl ihren Handwerkern, das Haus zu bauen (genau im Norfolk-Stil des 11. Jahrhunderts, nicht etwa wie 1000 Jahre davor in Palästina). Sie hatten zu Beginn große Schwierigkeiten, ihre Aufgabe zu erfüllen. Als sie den Bauplatz am Abend verließen und am nächsten Morgen zurückkehrten, war das Gebäude nicht nur um etwa 64 m verrückt, sondern sie fanden es auch als ein vollendetes Kunstwerk vor, wie nur erfahrene Baumeister, na-

türlich in rein englischem Stil, es hatten fertigstellen können.
Auf diese sonderbare Weise entstand der erste europäische Marienwallfahrtsort. Über die Jungfrau selber ist leider nichts ausgesagt, aber die geäußerten Wünsche sind eindeutig Vorläufer der Forderung von Kapellen, die sie in späteren Erscheinungen verlangte. Warum sie eine so seltsame Methode ausgewählt haben soll, um die Erbauung einer Verehrungsstätte zu veranlassen, wird in keinem mir bekannten Text erklärt. Aber damals – die ersten schriftlichen Berichte wurden immerhin 305 Jahre nach der Begebenheit verfaßt – war wohl viel von dem ursprünglichen Sinn und Grund der Geschehnisse bereits verlorengegangen.

Frühe europäische Erscheinungen

Der Schwerpunkt der Marienerscheinungen liegt seit jeher in Europa. Viele Erzählungen stammen aus dem Mittelalter. Meistens kennt man sie nur vom Hörensagen, und auch sie entziehen sich jeder Nachprüfbarkeit, aber sie spielen eine wichtige Rolle für die Entwicklung der späteren Visionen in Europa. Einige von ihnen scheinen Verbindungsglieder zwischen dem frühen heidnischen Glauben und der römisch-katholischen Religion darzustellen, die immer mehr in ihn eindringt. In diesen Erzählungen ist Maria eher die Figur einer Göttin, die auf wunderbare Weise Konflikte schlichtet, in laufende Geschehnisse eingreift und Kranke heilt, als die Mutter Gottes, wie wir sie heute verstehen. Im folgenden werden zwei typisch anekdotenhafte Erzählungen zitiert, die einer hübschen alten Sammlung mit dem Titel »Miracles of the Blessed Virgin Mary« (Wunder der heiligen Jungfrau Maria) entnommen sind und um 1435–1440 von Johannes Herolt in lateinischer Sprache verfaßt wurden.

In einem Kloster ereignete sich einmal etwas sehr Verwunderliches. Dort führte eine Nonne ein untadeliges Leben; eifrig betete sie die heilige Jungfrau Maria an. Als sie einmal ihr Knie verletzt hatte, weil sie es beim Beten allzu oft beugte, und über Mittag in der Krankenstube schlief, träumte sie, die heilige Jungfrau Maria stehe neben ihr und halte ein Töpfchen mit Salbe in der Hand, in das sie ihre Finger tauchte und die Wunden der Nonne mit der Salbe bestrich. Daraufhin verbreitete sich ein solch süßer Duft, daß die Nonne, die im angrenzenden Raum schlief, von dem Wohlgeruch erwachte, sich erhob und zu ihrem Bett lief, weil von dort der Duft auszuströmen schien, und dann die Schlafende aufweckte.
Als alle fragten, woher dieser Geruch komme, wollte sie nicht antworten, obwohl sie den Grund kannte, und sagte deshalb kein Wort, damit sie wieder schlafen gingen. Und als alle wieder eingeschlafen waren, erschien ihr die Muttergottes erneut, führte sie in einer Vision in die Mitte des Raumes, nahm ihr Kinn in die Hand und sagte: »Knie nieder.« Und als sie dies getan hatte, fügte die Gottesmutter hinzu: »In Zukunft mußt du so demütig um Verzeihung bitten.«

In einer Kirche wurde täglich das Responsorium »Freu' dich, Maria« mit dem Vers »Gabriel« gesungen, in dem die Zeile »Schande über die Juden« vorkommt. Ein Schüler mit einer besonders lieblichen Stimme war der Vorsänger. Nun kamen ein paar Juden auf dem Weg in ihre Weinberge bei der Kirche vorbei, und da sie die Schmach dieser Worte nicht ertragen konnten, entführten sie heimlich den Schüler und töteten ihn in den Weinbergen. Als sie kurz darauf die Weinberge verließen, rief die glorreiche Jungfrau Maria den Jungen wieder ins Leben zurück und befahl ihm, zuversichtlich ihren Lobpreis zu singen. Als die Juden die Stimme wiedererkannten, konnten sie es nicht fassen und befragten heimlich den Jungen. Er antwortete, daß er tatsächlich tot gewesen, aber von seiner Königin in sein früheres Leben zurückgerufen worden sei. Als die Juden dies hörten, bekehrten sich viele von ihnen zum Ruhm der glorreichen Jungfrau Maria.[1]

In diesen Erzählungen könnte man fast die Anrede »Jungfrau Maria« mit der irgendeiner heidnischen Göttin vertauschen, ohne daß dies einen großen Unterschied ausmachen würde. Aber sie verdeutlichen einen Aspekt in der Entwicklung des Charakters der Jungfrau, der zunehmend in den Vordergrund tritt: die Jungfrau als eigenständige Wundertäterin. Ein anderer Aspekt, eine frühe Form der Opfer- und Selbstverleugnungsriten, die später in Fatima verlangt wurden, taucht in einer spanischen Erzählung auf, die um 1410 zum erstenmal veröffentlicht wurde:

Der heilige Gregor berichtet in den »Dialogen« von einem Mädchen, dem die Jungfrau Maria erschien. Sie zeigte der Kleinen ein paar Mädchen ihres Alters und fragte sie, ob sie gerne mit ihnen zusammen wäre. Das Mädchen sagte ja. Und die Jungfrau Maria sagte zu ihr: »Dann tue von jetzt an nichts mehr, was die andern Mädchen tun.« Sie trug ihr auf, sich von Streichen und Spielen fernzuhalten, und sagte ihr, daß sie in dreißig Tagen mit den Jungfrauen zusammen sein werde, die sie gesehen habe. Das Mädchen tat, wie ihr geheißen war. Als sie nach dreißig Tagen im Sterben lag, sah sie die Jungfrau mit den Mädchen, wie beim vorigen Mal, und die Jungfrau rief nach ihr. Zweimal antwortete sie: »Herrin, ich komme, Herrin, ich komme.« Und wie sie dies sagte, gab sie ihre Seele Gott auf und starb in der Gemeinschaft der heiligen Jungfrauen. Woraus wir ersehen, daß es heiligen Jungfrauen verboten ist, sich beim Tanze zu vergnügen.[2]

Es gibt zahlreiche solche Berichte und andere, in denen die Jungfrau in lokalen gesellschaftlichen und religiösen Machenschaften Partei zu ergreifen scheint. Diese Fälle sind aber so konstruiert, daß sie für uns keinen Zeugniswert besitzen; im besten Fall könnte man sie als Volksmythen bezeichnen, im schlechtesten als freie Erfindung. Wir haben genug Legenden vorgestellt: es ist an der Zeit, zu überzeugenderem Material überzugehen.

Unsere Liebe Frau von Guadalupe

Abgesehen von Walsingham gibt es für die bisher angeführten Fälle kaum eine Möglichkeit, ihre Echtheit nachzuweisen: Was Sie über diese Fälle gelesen haben, ist alles, was es dazu gibt. Und jetzt haben wir plötzlich einen viel beschriebenen Fall vor uns, der schon 1531 in Mexiko einige ausgezeichnete Bücher hervorrief. Dazu muß gesagt werden, daß der erste schriftliche Bericht, der die Geschichte von der Erscheinung selbst erzählt, 1560 verfaßt wurde, 29 Jahre nach dem Ereignis. Alles, was danach geschrieben wurde, steht somit auf ziemlich unsicheren Beinen.
Alle Geschichten über Guadalupe, die ich gelesen habe, kehren die romantischen Elemente stark heraus, aber in manchen Punkten stimmen sie alle überein. Die Punkte möchte ich hier kurz wiedergeben. Früh am Morgen des 9. Dezember 1531 machte sich 8 km nördlich von Mexico City ein 57jähriger Azteke namens Juan Diego auf den Weg zur Messe in das nächstgelegene Kirchdorf. Als er am Fuß des Berges Tepeyac ankam, wo einst ein Tempel der aztekischen Mutter-Göttin (sic!) gestanden hatte, trat plötzlich eine Stille ein, die von der Stimme einer Frau unterbrochen wurde, die seinen Namen rief. Die Sonne war noch nicht aufgegangen, aber Juan sah ein junges mexikanisches Mädchen von etwa 14 Jahren vor sich stehen, um das ein goldener Strahlenkranz schwebte. Sie soll angeblich sehr schön gewesen sein, aber ich konnte keine verläßliche Beschreibung von ihr finden.

Künstlerische Darstellung einer frühen spanischen Erscheinung in Reus

Das Mädchen sagte Juan, daß sie den Bau einer Kapelle an der Stelle der Erscheinung verlange, und wies ihn dann an, eilends den Bischof von Mexico City aufzusuchen, um ihm diese Nachricht zu überbringen. So begab sich Juan in die Stadt und erhielt nach einigem Warten eine Audienz. Der Bischof zeigte offenbar ein geneigtes Ohr. Er sagte Juan, er könne ihn wieder besuchen, versprechen wollte er aber nichts. Juan machte sich auf den Heimweg und hatte an derselben Stelle wie zuvor wieder die Erscheinung, die er für die Jungfrau Maria hielt. Sie tröstete ihn und ermunterte ihn, es am nächsten Tag, einem Sonntag, noch einmal in Mexico City zu versuchen.

Am nächsten Morgen ging Juan nach der Messe wieder zu Bischof Zumarraga, der sich auch diesmal offen, wenn auch ausweichend zeigte und Juan schließlich fragte, ob seine Erscheinung zum Beweis nicht irgendein Zeichen geben könnte. Auf dem Nachhauseweg ging Juan bei seinem Onkel Juan Bernardino vorbei, der schwer krank war. Dort erschien ihm das Mädchen erneut und es versprach, am nächsten Morgen für ein Zeichen zu sorgen. Am darauffolgenden Morgen kehrte Juan in dem Glauben zurück, sein Onkel läge im Sterben, und erzählte dem Mädchen von seinen Sorgen. Sie versicherte ihm aber sofort, Juan Bernardino sei in diesem Moment wieder völlig gesund.

Dann befahl sie ihm, auf dem Gipfel des Berges Blumen zu sammeln, obwohl es zu dieser Jahreszeit dort eigentlich keine mehr geben konnte. Es blühten dort aber doch noch welche, und es ist gut möglich, daß es sich um kastilische Rosen handelte. Juan pflückte ein paar, wickelte sie in seinen langen Umhang, den man *tilma* nennt, und ging damit zum Bischof.

Dann ist anscheinend ein Wunder geschehen, und zwar von der Art, wie man sie aus anderen Legenden kennt, etwa aus der Geschichte vom Schweißtuch der heiligen Veronika. Als Juan seine *tilma* aufwickelte, sah man darauf das

Bild des Mädchens, das ihm erschienen war und mit dem er gesprochen hatte, farbig aufgedruckt. Der Bischof und andere Anwesende fielen auf die Knie, und es wurde befohlen, das Kleidungsstück an einer Wand der Privatkapelle des Bischofs aufzuhängen. Als Juan zu seinem Onkel zu-

Unsere Liebe Frau von Guadalupe: Statue der Erscheinung

rückkehrte, fand er den alten Mann völlig genesen vor und erfuhr, wie er durch eine strahlende junge Frau geheilt worden sei, die zu ihm gesagt hatte: »Nenne mich und mein Bild Santa Maria de Guadalupe.«
Wie auch immer das Bild entstanden sein mag – in Mexiko ist es heute noch ausgestellt und mit allem Putz umgeben, der zu einem wichtigen Wallfahrtsort gehört. Die verschiedensten Leute nehmen für sich in Anspruch zu wissen, was es aussagen will. Francis Johnston[3] sieht in den Augen des Bildnisses die Zeugen auftauchen, die sich zu dem Zeitpunkt, als das Wunder vermutlich geschah, im Zimmer des Bischofs aufhielten – demnach hätten sich damals gerade diese Leute in den Augen der Heiligen Jungfrau gespiegelt. Leider kann die Erklärung von Francis Johnston jedoch kaum überzeugen. Alles in allem sind die Auswirkungen des Wunders von Guadalupe weit besser verzeichnet als seine Ursprünge. Es ist schwierig festzustellen, was hier als Beweis gewertet werden darf und was nicht.

Le Laus

Ein selten erwähnter Fall könnte einen Übergang von den frühen Erscheinungen zu denen des 19. und 20. Jahrhunderts bilden, weil in ihm bereits einige der für Kindervisionen typischen Merkmale auftauchen. Diese Erscheinung trug sich in den französischen Alpen in der Gegend von Grenoble zu. Die einzige Zeugin war eine gewisse Benoit Rencurel, eine fromme Schäferin von 17 Jahren. Im Mai 1664 war sie an einem Berghang in der Nähe einer Kapellenruine beschäftigt und hatte gerade ihren Rosenkranz zu Ende gebetet, als ihr ein älterer Mann in rotem Mantel erschien und sich als der heilige Moritz vorstellte. Er zeigte ihr eine Wasserquelle, die sie nie zuvor gesehen hatte, und befahl ihr dann, mit ihren Schafen in ein kleines Tal bei St.

Etienne zu ziehen, »wo ihr eine große Gnade widerfahren würde«.
Da sie ein frommes Mädchen war, begab sie sich am nächsten Tag in dieses Tal. An einem Ort, der Les Fours hieß, hatte sie die erste einer Reihe von Visionen, die sich über zwei Monate hinweg regelmäßig wiederholten und in denen ihr eine Frau mit einem Kind erschien. Auf den Rat eines örtlichen Beamten fragte Benoit die Gestalt endlich einmal, wer sie eigentlich sei (es mag vielleicht verwundern, daß sie das nicht früher getan hatte). Angeblich habe ihr die Gestalt erwidert: »Ich bin Maria, die Mutter Jesu. Es ist der Wille meines Sohnes, daß ich in dieser Gemeinde, wenn auch nicht genau an diesem Ort, verehrt werden soll. Du wirst deshalb den Pfarrer bitten, mit seiner Gemeinde eine Prozession hierher zu machen.«
Der Priester des Ortes kam am 29. August 1664 dieser Forderung nach. Bis zum 29. September ereignete sich nichts Weiteres. An diesem Tag erschien die Frau wieder auf der Straße nach Le Laus. »Geh nach Le Laus«, sprach sie, »dort wirst du eine kleine Kapelle finden, in der es wundervoll duftet. Dort wirst du mich oft finden und sehen.« Benoit tat, wie ihr geheißen, und fand in Le Laus die Ruine einer Kapelle, wo ihr die Frau wieder erschien und sagte, daß diese Kapelle in einer großen Kirche als Heiligtum verehrt werden solle. Dann fuhr die Frau fort: »Ich habe Le Laus von meinem göttlichen Sohn erbeten, damit dort Sünder auf den rechten Weg zurückgeführt werden, und er hat es mir gegeben. Die Kirche soll zu seiner und meiner Ehre gebaut werden. Viele Sünder werden hier bekehrt werden.«
Viel von dem geschah tatsächlich, trotz ständiger Probleme, die von der Kirchenverwaltung der Diözese aufgeworfen wurden. Papst Leo XIII. erklärte die Kirche, nachdem sie fertiggestellt war, zur römischen Basilika, was ihr beträchtliches Ansehen verlieh. Eine Reihe von Heilungen und Wunderkuren wurden gemeldet und von den kirchlichen Behörden anerkannt. Im Jahr 1871 (das Jahr der Erscheinung von

Pontmain) wurde Benoit Rencurel von Papst Pius IX. selig gesprochen. Le Laus kann für seine Zeit als ein überzeugendes Beispiel gelten.

Catherine Labouré und die wunderbare Medaille

Obwohl in der Zeit zwischen 1700 und 1820 große religiöse Umwälzungen stattfanden und es in fast ganz Europa auf sozialem und wirtschaftlichem Gebiet zahlreiche neue Entwicklungen gab, sind aus dieser Zeit fast keine bedeutenden Marienerscheinungen bekannt. Eine eindeutige Erklärung läßt sich für diesen Umstand nicht finden, und wir müssen für die nächste größere Vision einen Sprung bis ins Jahr 1830 nach Paris machen.
Die Berichte, die von Catherine Labouré handeln und vom Anfang der Verehrung eines Gegenstandes, der die *wunderbare Medaille* genannt wird, sind berühmt und offenbar ziemlich gut erforscht. Da die Visionen ausschließlich einer äußerst frommen Ordensschwester zuteil wurden, die sehnlichst auf dieses Ereignis harrte, haben sie nicht denselben Beweiswert wie spätere Kindervisionen, die vermutlich »spontaner« waren. Die Bekanntheit der Medaille und ihrer Nachbildungen geht darauf zurück, daß sie in späteren Visionen wieder auftauchte. Man kann ihr deshalb Beweisfähigkeit zusprechen.
Als Tochter einer Bauernfamilie wurde Catherine Labouré 1806 unter dem Taufnamen Zoe an der Côte d'Or geboren. Ihre Mutter starb, als sie 8 Jahre alt war. Danach mußte das Kind die Arbeiten der Mutter übernehmen. Es hielt sich auch sieben- oder achthundert Tauben (ich konnte nicht herausfinden wieso!). Catherine war natürlich ein frommes, katholisches Mädchen – später sprach sie immer wieder von ihren frühen, religiösen Erfahrungen – und trat 1830, im Alter von 24 Jahren, in das Kloster der Barmherzigen Schwestern in der Rue de Bac in Paris ein.

Wenige Tage nach ihrer Ankunft im Kloster erzählte sie den Mitschwestern, ihr sei das Herz des heiligen Vinzenz erschienen, wie es leuchtend über einer Truhe mit seinen Reliquien schwebte. In den Erzählungen über ihr Leben wird kein Geheimnis daraus gemacht, daß es ihr innigster Wunsch war, einmal die Jungfrau Maria zu sehen und daß sie häufig zu ihrem Schutzengel und zum heiligen Vinzenz betete, diese Gnade möge ihr zuteil werden. In einer Broschüre der *Catholic Truth Society* weiß man sogar folgendes zu berichten: »Am Abend des 18. Juli, dem Festtag des heiligen Vinzenz, ging sie in der festen Überzeugung zu Bett, daß ihr heiliger Schutzpatron ihren Wunsch erfüllen werde.«

In jener Nacht trug sich folgendes zu. Gegen 11.30 Uhr hörte Catherine dreimal ihren Namen rufen, wachte auf und sah ein etwa vier oder fünf Jahre altes Kind mit goldenem Haar, das in einem Lichterglanz erstrahlte. (Dies war vermutlich ihr Schutzengel.) Das Kind befahl ihr, in die Klosterkapelle zu gehen, die sie wunderschön erleuchtet vorfand. Punkt Mitternacht erschien die Jungfrau Maria. Sie war mit einem weißen Gewand und blauem Schleier bekleidet und saß auf dem Chorstuhl der Äbtissin. Die Gestalt sagte zu Catherine, sie habe einen Auftrag zu erfüllen, der ihr Leiden verursachen würde, und prophezeite ihr dann anscheinend eine ganze Reihe von Dingen, darunter auch den kommenden gewaltsamen Tod des Erzbischofs von Paris. Die Prophezeiungen wurden später mit den Ereignissen in der Pariser Kommune von 1870 und 1871 in Zusammenhang gebracht, was recht plausibel scheint.

Bis zum 27. November hatte Catherine Labouré keine weiteren Visionen. Am Abend dieses Tages betete sie gegen 5.30 Uhr in der Kapelle, als ihr die Heilige Jungfrau ganz in Weiß gekleidet und mit einem bodenlangen weißen Schleier erschien. Sie stand auf einer Halbkugel, um die sich eine grüne Schlange mit gelben Flecken wand. Sie hielt eine goldene, von einem Kreuz gekrönte Kugel in der

Gedächtnispostkarte zum hundertsten Jahrestag der »Wunderbaren Medaille«

Hand und erklärte, dies sei die Erde. An jedem Finger trug sie drei Ringe, von denen jeder Lichtstrahlen sprühte. Die fotografische Genauigkeit der Erscheinung wird nun deutlich. Labouré beschrieb sie später so:

Ein leicht ovaler Rahmen umgab die heilige Jungfrau. Darin stand in goldenen Buchstaben geschrieben: »O Maria, die Du unbefleckt empfangen hast, bitte für uns, die wir Zuflucht zu Dir nehmen.«
Die Inschrift bildete einen Halbkreis, der in der Höhe ihrer rechten Hand begann, über ihren Kopf verlief und bei der linken Hand endete. Die goldene Kugel verschwand in den blitzenden Lichtbündeln, die von allen Seiten kamen. Die Hände öffneten sich und ihre Arme sanken unter dem Gewicht des erhaltenen Gnadenschatzes herab. Dann sprach die Stimme:
»Laß nach diesem Bild eine Medaille anfertigen. Alle, die sie tragen, werden große Gnade empfangen; sie sollen sie um den Hals tragen. Gnade wird denen zuteil, die sie mit Vertrauen tragen.«
In diesem Moment drehte sich die Medaille herum, und ich konnte ihre Rückseite betrachten: über einem großen »M« mit einem Querbalken erhob sich ein Kreuz; unter dem »M« waren die Herzen von Jesus und Maria zu sehen, das eine mit Dornen gekrönt, das andere von einem Schwert durchbohrt.

Catherine berichtete später, die Gestalt sei danach verschwunden »wie eine Kerze, die man ausbläst«.
Den Rest ihres Lebens verbrachte Catherine Labouré damit, die Medaille herstellen und verteilen zu lassen (was von einem Kloster aus nicht leicht zu bewerkstelligen war), wobei sie immer darauf bedacht war, ihre Identität geheimzuhalten. Dies gelang ihr bis 1876, sechs Monate vor ihrem Tod. 1832 wurde die Medaille zum erstenmal geprägt und erlangte als die *wunderbare Medaille* schnell Berühmtheit. Millionen von Exemplaren wurden ausgeteilt, und zahllose Heilungen und Bekehrungen schreibt man ihrer Kraft zu. Im Jahre 1895 wurde eigens ihr zu Ehren ein Hochamt nach dem römisch-katholischen Ritus gefeiert, und allein darum hat sie eine herausragende Stellung. Zweifellos hat ihre

Berühmtheit in den Jahren nach 1832 entscheidend dazu beigetragen, daß 1854 das Dogma von der unbefleckten Empfängnis aufgestellt wurde. Dieser Glaubenssatz spielte wiederum eine große Rolle, als 1858 die Erscheinungen von Lourdes als echt anerkannt wurden.
Die weitverbreitete Bekanntheit, die die Medaille so kurz nach der Erscheinung erlangte, zwingt uns, allen französischen Erscheinungen der nachfolgenden Jahre mit Vorsicht zu begegnen. Davon gibt es tatsächlich einige. Die Abbildung auf einer Medaille läßt sich leicht im Gedächtnis behalten und könnte ein Kind, auch ein sehr junges, nachhaltig beeindrucken. Die Erinnerung daran könnte unbewußt bleiben und bei einem Gespräch oder einer Befragung des Sehers vielleicht gar nicht auftauchen. Wie wir noch sehen werden, ist es sehr wahrscheinlich, daß Bernadette Soubirous von Lourdes und die Kinder von Pontmain die Medaille gekannt haben, da ihre Erscheinungen große Ähnlichkeit zum Bildnis der heiligen Jungfrau auf der Medaille haben. Die *wunderbare Medaille* könnte, von ihrer eigenen Geschichte und Bedeutung einmal abgesehen, auf zweierlei Weise einen starken Einfluß auf andere Marienerscheinungen gehabt haben, die wir noch behandeln werden. Nachdem einmal einem so einfachen, wenn auch frommen jungen Mädchen etwas so Wunderbares widerfahren war, warum sollte es nicht auch anderen widerfahren? Und würden die Visionen, nachdem es nun eine Vorstellung, ein Muster dafür gab, wie eine Erscheinung aussehen konnte, nicht viel häufiger auftreten?

2

La Salette, Frankreich, 19. September 1846

»Wenn wir gewußt hätten, daß sie eine große Heilige war, hätten wir sie gebeten, uns mit sich zu nehmen«

Buchstäblich aus heiterem Himmel, nämlich dem über Ablandins bei Grenoble, kam 1846 eine neue Art von Marienerscheinung, die nach einem Muster ablief, für das es bis zum heutigen Tag Beispiele gibt. Vor 1846 war die Muttergottes Personen erschienen, die sich für Visionen besonders gut eigneten, weil sie ein frommes Leben führten und häufig sogar Mitglieder eines Ordens waren.

Natürlich gab es auch Ausnahmen: Visionen anderer Art – von Feen bis zu Dämonen – waren den unterschiedlichsten Leuten erschienen. Aber für die Entwicklung, die mit La Salette ihren Anfang nahm, hatte es keine Anzeichen gegeben. Hier sind die Zeugen zum erstenmal Kinder, und zwar Kinder aus einer Umgebung, die alles andere als religiös war. Die Erscheinungen, die sie hatten, und die Prophezeiungen, die ihnen dabei gemacht wurden, haben noch Auswirkungen auf die allerneuesten Visionen.

In La Salette gab es zwei Zeugen, einen Jungen und ein Mädchen. Es lohnt sich, ihre familiäre und soziale Umgebung aus der Nähe zu betrachten, denn wenn es eine Erklärung geben soll, spielen diese Gesichtspunkte eine wichtige Rolle.

Melanie Mathieu wurde am 7. November 1831 geboren. Selbst für die schwierigen Verhältnisse im bäuerlichen Frankreich jener unsicheren Jahre führte das Mädchen ein erbärmliches Leben. Sie war eins von acht Kindern. Ihr Vater arbeitete als Holzfäller und verdiente nie genug Geld für den Unterhalt der Familie. In dem Alter, in dem unsere Kinder gerade in die Schule kommen, bettelte Melanie in den Straßen von Corps, der kleinen Stadt, in der sie lebte. Mit acht Jahren arbeitete sie mindestens 9 Monate im Jahr als Hirtin und Schäferin für verschiedene Kleinbauern aus den Dörfern der Gemeinde La Salette. Nur die härtesten Wintermonate verbrachte sie bei ihren Eltern zu Hause in Corps. In dieser Zeit, den Monaten Dezember, Januar und Februar, hatte sie sich um ihre kleinen Geschwister zu kümmern. Sie war kein besonders hübsches Mädchen, und es wird behauptet, daß sie sogar bei Regen im Freien schlief, weil sie sich schämte, bei den Tieren im Stall unterzuschlüpfen. Über ihre Bildung können wir keine Aussagen machen; sie hatte nie Gelegenheit gehabt, etwas zu lernen. Aber selbst als nach der Erscheinung die Nonnen versuchten, ihr den Katechismus beizubringen, war die Mühe umsonst.

Maximin Giraud wurde am 27. August 1835 geboren. Seine Mutter starb kurz nach der Geburt, und obwohl sein Vater den Beruf eines Stellmachers ausübte – damals ein recht einträgliches Geschäft in Corps, das an einer Hauptstraße lag – lebte er in ziemlicher Armut. Sein Vater trank zuviel und gab sich kaum mit der Familie ab. Maximin verbrachte die meiste Zeit damit, sich in den Kneipen herumzutreiben, in denen sein Vater trank.

Wahrscheinlich war sein Leben weniger mühsam als das Melanies – mit dem Einsammeln von Pferdeäpfeln erschöpfte sich sein Beitrag zum Familienunterhalt –, und er verbrachte viel Zeit damit, mit seinem Hund Loulou zu spielen, dem dritten Zeugen der Erscheinungen. Auch Maximin wurde kaum erzogen und hatte von Religion nicht viel Ahnung.

Um die Echtheit und Spontaneität seiner Erscheinung zu beweisen, wird immer wieder behauptet, Maximin (der auch Memin genannt wurde) und Melanie hätten sich bis kurz vor dem Ereignis nicht gekannt. Gegen diese Behauptung spricht jedoch die Tatsache, daß die beiden an den entgegengesetzten Enden eines Städtchens von nur ungefähr 1000 Einwohnern lebten. Sicher ist auch, daß Maximin mit Melanies Arbeitgeber zur Zeit der Erscheinung gut bekannt war und diesem den ersten Bericht von den Ereignissen gab. Ich weiß nicht, wie wichtig diese Tatsachen sind, aber wir sollten alles berücksichtigen, was uns mit der Geschichte überliefert wurde.

Allerdings scheint es in der Tat ein Zufall gewesen zu sein, der die beiden Kinder in der Woche, in der die Erscheinung stattfand, zusammenbrachte. Melanie war mit 14 Jahren eine geschickte Hirtin, die leicht Arbeit finden konnte, auch wenn ihr die immer weit weniger einbrachte, als zum Leben notwendig war. Maximin hatte nichts gelernt, und nur weil der Hirte eines Bauern aus Ablandins, Pierre Selme, krank geworden war, kam Selme nach Corps, um Maximins Vater darum zu bitten, den Sohn für eine Woche aushelfen zu lassen. Der Vater Giraud forderte ein hohes Gehalt für die Dienste seines Sohnes und verlangte von Selme, daß er ein Auge auf den Jungen haben solle, da der Hang, auf den das Vieh getrieben wurde, sehr gefährlich war. Weil er die Hilfe dringend benötigte, ging Selme auf die Forderungen ein. So kam es, daß Melanie und Maximin am 17. September 1846, einem Donnerstag, auf dem gleichen Hang ihre Tiere weideten und sich dort angeblich zum erstenmal sahen.

Es gibt keinen Grund anzunehmen, daß die beiden sehr viel gemeinsam hatten und deshalb die Geschichte der Erscheinung erfunden hätten. Er war ein schmächtiger elfjähriger Junge, der gerne mit einem Hund spielte und zum erstenmal in seinem Leben arbeitete. Sie war ein herbes, vierzehnjähriges Mädchen, das gewöhnt war, hart zu arbeiten, und seinem Gewerbe nachging. Aber die beiden hüteten ihr Vieh auf angrenzenden Weiden, die auf einem steinigen Berghang etwa 1800 Meter über dem Meeresspiegel lagen, und es ist kaum zu bezweifeln, daß sie sich schon vor dem Ereignis kannten, das ihr Leben und indirekt das von vielen anderen Menschen entscheidend ändern sollte.

Am Morgen des Samstags, an dem sich das Ereignis zutrug, haben die Kinder sehr wahrscheinlich eine Art religiöses Spiel miteinander gespielt, zu dem auch ein »Miniatur-

Die Seher von La Salette: zeitgenössischer Kupferstich

altar« gehörte. Dies spricht etwas gegen die herkömmliche Version, nach der die Kinder kein besonderes Interesse für religiöse Dinge besaßen, noch viel von ihnen wußten, und wird in den Erzählungen über La Salette nur selten erwähnt, weil man fürchtet, die Unschuld und Naivität der Kinder werde dadurch in Frage gestellt. Wie dem auch sei, gegen drei Uhr am Nachmittag erwachten die Kinder von einem etwa einstündigen Mittagsschlaf im Gras. Außer etwas Roggenbrot, das sie ins Wasser eines nahen Flusses eingetaucht hatten, hatten sie nichts gegessen. Natürlich neigt der Mensch kurz nach dem Aufwachen zu Einbildungen.

Entgegen seinem Versprechen, auf die Kinder aufzupassen, schien sich Pierre Selme zu diesem Zeitpunkt nicht in Sichtweite der Kinder zu befinden. Melanie nahm die Erscheinung als erste wahr, als sie sich nach dem Beutel umdrehte, in dem sie ihre Vesper aufbewahrte. Nur die Kinder waren Zeugen der Erscheinung und hörten, was sie sagte.

An dieser Stelle halte ich es für wichtig, auf den ersten Bericht in englischer Sprache, den wir von der Erscheinung haben, zurückzugreifen. Es handelt sich dabei um die älteste Schilderung überhaupt, die ich ausfindig machen konnte. Sie ist in dem Buch *The Holy Mountain of La Salette* (Der heilige Berg von La Salette) von William Ullathorne[4] enthalten. Ullathorne war Erzbischof von Birmingham und machte ein paar Jahre nach den Ereignissen eine ausgedehnte Reise nach La Salette. Auf dieser Reise begegnete er den Zeugen und unterhielt sich mit den Leuten, denen die beiden Kinder als ersten von ihrem Erlebnis erzählt hatten. Außerdem sprach er mit den weltlichen und kirchlichen Behörden, die unmittelbar nach dem Ereignis seine Glaubwürdigkeit untersucht hatten. 1854 veröffentlichte Ullathorne den Bericht über seine Reise. Es fällt auf, wie perfekt die verschiedenen Schilderungen, die die Zeugen zeit ihres Lebens von den Erscheinungen gaben, in diesem Bericht übereinstimmen. Ullathornes Version der Schilderung Melanies erfüllt deshalb ein Maß an Glaubwürdigkeit, wie wir es heute, 140 Jahre danach, überhaupt nur erreichen können.

Melanies Darstellung

Wir schliefen beide ein... dann wachte ich als erste auf und sah meine Kühe nicht mehr. Ich weckte Maximin. »Maximin«, sagte ich, »schnell, laß uns die Kühe suchen.« Wir überquerten den kleinen Bach in unserer Nähe und sahen die Kühe auf der anderen Seite im Gras liegen; sie waren nicht weit von uns entfernt. Ich war etwas schneller als Maximin, und als der Bach etwa fünf oder sechs Schritte hinter mir lag, sah ich ein Leuchten wie von der Sonne, aber es war noch viel heller, nur hatte es nicht dieselbe Farbe. Und ich sagte zu Maximin: »Komm schnell und sieh das schöne Licht dort unten.« Da kam Maximin gelaufen und sagte: »Wo ist es?« Ich deutete mit dem Finger in die Richtung einer kleinen Quelle, und er blieb stehen, als er es sah. Dann sahen wir eine Dame in dem schönen Licht; sie saß da und hielt den Kopf mit den Händen gestützt. Wir hatten Angst; ich ließ meinen Stock fallen. Da sagte Maximin: »Behalte deinen Stock in der Hand. Wenn es uns etwas tun will, ziehe ich ihm damit eins über.« Dann stand die Dame auf, verkreuzte ihre Arme und sagte zu uns: »Kommt her, liebe Kinder, habt keine Angst. Ich bin hier, um euch große Dinge zu verkünden.« Daraufhin überquerten wir wieder den Bach, und sie lief zu dem Platz voraus, wo wir geschlafen hatten. Sie stand zwischen uns beiden. Sie weinte die ganze Zeit (ich sah ihre Tränen deutlich rinnen) und sagte: »Wenn sich mein Volk nicht unterwirft, werde ich gezwungen sein, die Hand meines Sohnes freizugeben. Sie ist so stark, so schwer, daß ich sie nicht länger halten kann.
Wie lange leide ich schon für euch! Wenn ich will, daß mein Sohn euch nicht verläßt, muß ich ohne Unterlaß zu ihm beten. Und ihr kümmert euch gar nicht darum.
Wieviel auch immer ihr beten und was auch immer ihr tun werdet, das Leid, das ich für euch auf mich genommen habe, werdet ihr nie wieder gutmachen.

Sechs Tage habe ich euch gegeben, um zu arbeiten und den siebten habe ich für mich bewahrt, aber ihr gebt ihn mir nicht. Darum ist die Hand meines Sohnes so schwer. Die Fuhrmänner fluchen nicht, ohne den Namen meines Sohnes auszusprechen. Und auch darum ist die Hand meines Sohnes so schwer. Wenn euch die Ernte verderben wird, so tragt ihr selbst die Schuld. Letztes Jahr habe ich euch wegen den Kartoffeln gewarnt, aber ihr habt das Zeichen nicht beachtet. Im Gegenteil, als ihr saht, daß die Kartoffeln verdorben waren, habt ihr geflucht und sinnlos den Namen meines Sohnes mißbraucht. Sie werden weiter verfaulen, bis euch zu Weihnachten nichts mehr bleiben wird.«

An dieser Stelle muß ich den Bericht kurz unterbrechen, um einzufügen, daß die Kinder normalerweise nicht französisch sprachen und die Sprache auch nur begrenzt verstehen konnten. Sie hatten nur den *patois*, den Dialekt ihrer Gegend, gelernt. Als das Gespräch auf die Kartoffeln kam, begann Melanie, die bis jetzt einigermaßen verstanden hatte, was die Frau auf französisch sagte, zu zögern, was die Dame offensichtlich bemerkte. Die restliche Botschaft verkündete sie im *patois*.

»Ach, meine Kinder, ihr versteht mich nicht; ich will es euch auf eine andere Weise sagen.« Dann fuhr sie fort. »Wenn ihr Weizenkörner habt, so säet sie nicht aus. Alles, was ihr säet, werden die Insekten fressen. Was aufwächst, wird zu Staub verfallen, wenn ihr es schneiden wollt. Eine große Hungersnot wird über euch kommen. Bevor die Hungersnot hereinbricht, werden alle Kinder unter sieben Jahren von Schüttelkrämpfen gepackt und in den Händen derer sterben, die sie aufgezogen haben; andere werden durch die Hungersnot büßen.
Die Walnüsse werden verderben, die Trauben verfaulen. Wenn die Menschen sich bekehren, sollen Steine und Fel-

sen sich in Weizenberge verwandeln und die Kartoffeln werden von selbst auf den Feldern gesäet.
Sprecht ihr auch immer schön eure Gebete, meine Kinder?« Wir antworteten beide: »Nicht besonders, Madame.«
»Ihr müßt jeden Morgen und jeden Abend schön beten. Wenn ihr es nicht besser könnt, dann sagt wenigstens das *Vaterunser* oder das *Gegrüßet seist du Maria*. Aber wenn ihr Zeit habt, betet mehr.
Außer ein paar alten Frauen geht niemand zur Kirche. Ein jeder arbeitet am Sonntag, den ganzen Sommer hindurch. Und im Winter, wenn sie nichts Besseres zu tun haben, gehen sie in die Messe, um sich über die Religion lustig zu machen. Während der Fastenzeit gehen sie wie Hunde zu den Schlachtern...«
Danach sagte die Dame zu uns:
»Nun meine Kinder sollt ihr das, was ich euch gesagt habe, meinem Volk weitersagen.«
Dann ging sie dorthin zurück, wo wir nach unseren Kühen gesucht hatten. Sie berührte das Gras nicht. Sie schwebte über den Spitzen der Halme. Ich und Maximin folgten ihr. Ich überholte die Frau und Maximin ging in einem Abstand von zwei oder drei Schritten neben ihr her. Dann erhob sich die schöne Frau ein wenig vom Boden, schaute zum Himmel und dann auf die Erde. Plötzlich sahen wir ihren Kopf nicht mehr, dann ihre Arme, dann ihre Füße. Wir sahen nichts mehr, nur einen Glanz in der Luft. Danach verschwand auch der Glanz.
Ich sagte zu Maximin: »Vielleicht war sie eine große Heilige.« Maximin antwortete: »Wenn wir gewußt hätten, daß sie eine große Heilige war, hätten wir sie gebeten, uns mit sich zu nehmen.« Und ich sagte zu ihm: »Ach, wenn sie doch noch hier wäre.«
Dann streckte Maximin seine Hand aus, um etwas von dem Glanz einzufangen; aber es war nichts mehr da. Und wir suchten alles ab, ob wir sie nicht finden könnten. Ich sagte:

»Sie will sich nicht zeigen, damit wir nicht sehen, wohin sie geht.«
Danach kümmerten wir uns um unsere Kühe.

Auf die Frage, wie die Dame denn ausgesehen habe (und hier sollte betont werden, daß beide Kinder immer nur von »der Dame« sprachen und keinerlei religiöse Bezeichnungen verwendeten), gab Melanie zur Antwort:
»Sie trug weiße Schuhe, um die sich Rosen in allen Farben reihten, eine goldfarbene Schürze, ein weißes Kleid voller Perlen und einen weißen Umhang mit Rosen um die Schultern, eine weiße Kapuze, die vorne lose gebunden war und eine Rosenkrone auf der Kapuze. Sie trug eine feine Kette, an der ein Kreuz mit unserm Herrn hing; rechts waren Zangen, links ein Hammer. An den Enden des Kreuzes befand sich eine andere lange Kette, wie die Rosen um ihre Schultern. Ihr Gesicht war weiß und schmal. Ich konnte sie nie lange anschauen, weil sie uns so blendete.«

Maximin stimmte mit dieser Beschreibung völlig überein, als er seine Version der Erlebnisse gab. Im großen und ganzen sind seine Schilderungen mit denen Melanies identisch. Es ist jedoch interessant festzustellen, daß er sagt:
»Als wir dann herunterliefen, sah Melanie einen leuchtenden Glanz in der Richtung der Quelle und sagte zu mir: ›Maximin, komm und sieh dir diesen Glanz an.‹ Ich ging zu Melanie hinüber. *Dann sahen wir, wie sich der Glanz öffnete*, und in seiner Mitte saß eine Dame, ungefähr so.«

Könnte Maximins Beschreibung vielleicht Einfluß auf spätere Erscheinungen von Gestalten und Wesen aus anderen Lichtkugeln, etwa UFOs, gehabt haben?
Anscheinend wurde auch jedem der beiden Kinder als ein Teil der Botschaft ein »Geheimnis« anvertraut, welches das

andere nicht mithörte. Als Kind hat keiner der beiden Zeugen sein Geheimnis aufgedeckt. Melanie soll es viele Jahre später offenbart haben. Wenn man dieser Version glauben darf, wurde in den Geheimnissen Jammer und Leiden für den Fall vorhergesagt, daß sich die Welt nicht wieder mehr der Kirche zuwende, wie wir das später von Garabandal und Fatima noch hören werden.
Der weitere Lebenslauf der beiden Zeugen hat Anlaß zu Zweifeln gegeben, was die Echtheit der Erscheinung betrifft. Maximin wechselte ohne Richtung und Erfolg von einer Arbeit zur andern, Melanie, die eine Nonne werden wollte, versuchte erfolglos, sich in einer Reihe von Orden anzupassen und verbrachte unter anderem auch einige Jahre in einem Karmeliterkloster in Darlington (England). Mit der Zeit begann sie sich selbst als »Schwester Maria vom Kreuz, Opfer Jesu« zu bezeichnen, und es scheint, daß sie recht eigenartig und exzentrisch wurde und es allen schwer machte, mit ihr auszukommen. Es ist sicher wahr, daß das Erlebnis den Sehern wenig Glück in ihrem späteren Leben brachte, aber keiner von beiden ist je von seiner ursprünglichen Version der Erscheinung vom 19. September abgewichen, und beide blieben bis zuletzt tief gläubig. Es wäre sicher falsch, die Erscheinung im Hinblick auf die späteren Mißerfolge im Leben der beiden Zeugen zu beurteilen.
Als letzten wichtigen Punkt wollen wir die Prophezeiungen betrachten, die von ganz besonderer Art waren. Es stellte sich heraus, daß sich die meisten von ihnen innerhalb kurzer Zeit erfüllten. Ende des Jahres 1846 konnte man in der ganzen Gegend keine Kartoffeln kaufen. Eine Reblaus-Plage vernichtete die Traubenlese. Eine Art Cholera, die nur kleine Kinder befiel und erst etwa 2 Stunden vor dem fast immer eintretenden Tod Krämpfe und Erbrechen auslöste, nahm die Ausmaße einer Epidemie an. Die Walnußernte fiel aus. Selbst die schärfsten Kritiker geben angesichts dieser Tatsachen auf.

In unseren Schlußfolgerungen werden wir noch einmal auf die Prophezeiungen und die Heilungen durch die Anwendung eines Wassers zurückkommen, das aus einem Fluß stammt, der plötzlich nach einer Erscheinung entsprang. Im Augenblick scheint es in der Tat genug Indizien dafür zu geben, das Visionserlebnis der Kinder von La Salette ernst zu nehmen.

3

Lourdes, Frankreich,
Februar bis Juli 1858

»Ich verspreche nicht, dich in dieser Welt glücklich zu machen, aber in der andern.«

In Lourdes fanden die berühmtesten Marienerscheinungen statt, und wenn man darüber schreiben will, sieht man sich manchem Problem gegenübergestellt. Bei einigen der Fälle, die in diesem Buch behandelt werden, war ich über das spärliche Quellenmaterial, das für meine Untersuchungen zu gebrauchen war, enttäuscht. Mit Lourdes verhält es sich gerade anders herum. Es gibt so viele Bücher (allein über hundert in der Bibliothek, in der ich arbeitete), die sich mit Lourdes beschäftigen, daß man kaum weiß, wo man anfangen soll. Von Emile Zolas zynischem und abwegigem Roman *Lourdes* (1894), der nur Betrug und Täuschung sieht, wo es vermutlich doch recht ehrlich zuging, bis zu dem kitschigen und oft gezeigten Film *Das Lied der Bernadette* ist alles, was der Welt bisher zu diesem Thema präsentiert wurde, einseitig. Es ist nicht einfach, den tatsächlichen Hergang der Dinge zu rekonstruieren. An manchen Stellen, wo mir dies gelungen ist, waren die Ergebnisse ziemlich beeindruckend.

Was Lourdes und Bernadette, die einzige Heilige unter den jugendlichen Sehern, berühmt gemacht hat, sind die Wunderheilungen, die sich an diesem Wallfahrtsort ereigneten. Ich möchte nicht bezweifeln, daß viele Heilungen stattgefunden haben oder, um es genauer zu sagen, daß es vielen Menschen nach einem Besuch in Lourdes gesundheitlich besser ging. Wir werden diese und andere Heilungen in unseren Schlußfolgerungen betrachten. Hier möchte ich zunächst die Erscheinungen darstellen, die ich versucht habe zu analysieren. Da ich mich einer solchen Menge von Berichten gegenübersah, die sich oft nur in kleinen, aber entscheidenden Details voneinander unterschieden, mußte ich sorgfältig abwägen, was wohl glaubwürdig sei. Ich habe mich dabei auf die Darstellungen gestützt, die am verläßlichsten scheinen und in vielen Punkten übereinstimmen, obwohl natürlich auch dieses Verfahren die »Wahrheit« nicht garantieren kann.

In diesem so oft besprochenen Fall ist es mehr als bei anderen nötig, den persönlichen und gesellschaftlichen Hintergrund der einzigen Zeugin zu untersuchen, da er für die Ereignisse eine wichtige Rolle gespielt hat. Wenn die Kinder von La Salette in Armut und Entbehrung aufwuchsen, dann war es Bernadette noch schlechter ergangen. Sie wurde am 7. Januar 1844 in Lourdes geboren. Ihr Vater François Soubirous war Müller und bekannt für seine Faulheit. Als die Mutter die Mühle verließ, ging es mit dem Geschäft rapide bergab. Bernadette war 8 Jahre alt, als ihr Vater beim Schleifen eines Mühlsteins das linke Auge verlor, weil ihm ein Splitter hineingesprungen war. Das war sein Schicksal. Der Mutter Louise ging es unterdessen nicht viel besser. Sie erlitt schwere Verbrennungen, als das Kind 11 Monate alt war. Bernadette wurde deshalb einer Amme übergeben, die in dem nahen Dorf Bartres lebte. Erst im April 1846 kehrte das Kind in die Mühle »Boly« zurück.

François hatte nie genug Geld verdient, um die Mühle, deren Pacht er vom Vater geerbt hatte, zu kaufen. Nach seiner Verletzung wurde die Lage so verzweifelt, daß die Familie die Mühle verlassen mußte. Sie zog umher, lebte in einer Unzahl verschiedener Mietwohnungen, und Soubirous nahm jede Arbeit an, die man ihm anbot. Im Herbst 1855 wurde Lourdes von einer Cholera-Epidemie heimgesucht, und Bernadette, ein von Geburt an schwächliches Kind, erkrankte auch. Während viele an der Krankheit starben, überlebte Bernadette, hatte aber als Folge der Erkrankung ihr Leben lang unter Asthma zu leiden. Cholera war nicht das einzige Unglück, das über die Einwohner von Lourdes hereinbrach. Eine Hungersnot, die schon bedrohliche Ausmaße angenommen hatte, wurde noch schlimmer, weil die Ernte ausfiel. Der Hunger führte zu

Unruhen in der Bevölkerung, die durch das Militär mit Gewalt niedergehalten wurde. In dieser Zeit wurde Bernadette in den Dienst einer Tante gestellt, bei der sie ihren Lebensunterhalt verdienen konnte, indem sie im Gasthaus der Verwandten aufwartete und die Kinder der Tante versorgte. Das war natürlich kein schönes Leben für ein elfjähriges Mädchen.

Als Bernadette zu ihrer Familie zurückkehrte, waren dort die Zustände elender denn je. Die Gegenüberstellung des heiligmäßigen Kindes mit seiner verdorbenen Umgebung bildet einen Teil der Romanze von Lourdes, entspricht aber doch ziemlich der Wahrheit. Es stimmt vermutlich, daß die einzigen Möbelstücke, die die Familie bei ihren Umzügen von einer schlechten Unterkunft in die andere mitnahm, zwei Betten und eine Truhe waren, da alles andere verkauft worden war. Es besteht kein Zweifel, daß die Soubirous zum Zeitpunkt der ersten Erscheinung in der einzigen freien Unterkunft lebten, die sie finden konnten: einer Zelle im ehemaligen Gefängnis, das nicht mehr benutzt wurde, weil es für die Gefangenen zu schlecht war! Die Zelle hatte zwei Fenster ohne Scheiben, durch die man auf einen Misthaufen und die offen liegenden Abwasserleitungen des Gefängnisses blickte.

Der Frühling 1857 brachte noch mehr Unglück über die Familie. François Soubirous wurde wegen Diebstahls verhaftet und eingesperrt. Mangels Beweisen wurde er dann wieder freigelassen, hatte es aber nach diesem Ereignis noch schwerer, Arbeit zu finden. Beide Eltern tranken bis an die Grenzen des Verträglichen, was auf Kosten der vier Kinder ging. Auch hier scheint es wieder zu stimmen, daß Bernadettes fünfjähriger Bruder einmal solchen Hunger litt, daß er Kerzenwachs vom Kirchenboden aß.

Im gleichen Jahr wurde Bernadette aus schwerer wirtschaftlicher Not wieder weggeschickt, diesmal zu Marie Lagues nach Bartres, die ihre Amme gewesen war. Dort hielt sie sich etwa vier bis sieben Monate auf (trotz ihrer späteren Bekanntheit sind viele Details aus dem frühen Leben Bernadettes erstaunlich unsicher) und kehrte erst im Januar 1858 zu ihrer Familie zurück. Der Schlüssel zur Erklärung der Lourdes-Erscheinungen und zur Feststellung ihrer Glaubwürdigkeit dürfte wohl in dem Einfluß liegen, den diese wenigen Monate auf Bernadette, und genauer auf ihr religiöses Wissen und Verhalten, ausgeübt hatten. Ihre Eltern hatten sie nur unter der Bedingung gehen lassen, daß sie den Katechismus lerne, und dies möglichst rasch, so daß sie zur ersten Kommunion gehen konnte. Im Haus der Amme herrschte ein tief religiöser Geist, denn Lagues Bruder, der oft zu Besuch kam, war Pfarrer. Will man die Glaubwürdigkeit der Erscheinungen und Prophezeiungen, die sich im Jahre 1858 ereignet haben, beurteilen, so muß man berücksichtigen, welche Eindrücke Bernadette bewußt oder unbewußt in den Monaten mitbekam, die sie von zu Hause fort war.

Bernadette könnte während der Monate, die sie mit den frommen Leuten zusammenlebte, einiges über die früheren Erscheinungen von Mädchen erfahren haben, die ihr ganz ähnlich waren – etwa Catherine Labouré oder Melanie Calvat –, und sie könnte von Wundern und Prophezeiungen aus der Geschichte der römisch-katholischen Kirche gehört haben. Es läßt sich gut denken, daß ein Pfarrer seiner Schwester am Abend von seinem Beruf erzählt, auch wenn es sich dabei um das Priesteramt handelt. Aus der Verkündung der Erscheinung, die sich Bernadette mit den Worten »Ich bin die unbefleckte Empfängnis« zu erkennen gab, hat man vieles ableiten wollen. Man nimmt weithin an, daß es sich dabei um eine einzigartige und unabhängige Bestätigung der Doktrin handelt, die 4 Jahre zuvor vom Papst verkündet worden war. Trotzdem ist es natürlich möglich, daß Bernadette davon schon einmal beim Abendbrot in Bartres gehört hat und nicht erst in der Grotte bei Lourdes. Daran sollten wir denken, wenn wir uns mit den Erscheinungen auseinandersetzen.

Die Lourdes-Grotte zum Zeitpunkt der ersten Erscheinung 1858*

Offensichtlich war das Leben in Bartres dem Kind zu rauh, denn es kehrte aus eigenem Entschluß zu den Eltern in die kleine Gefängniszelle zurück. Da Bernadette keine feste Anstellung fand, verbrachte sie ihre Zeit damit, Kinder zu hüten und sich mit verschiedenen unangenehmen Arbeiten ein wenig Geld zu verdienen. So sammelte sie z. B. Knochen, um sie zu verkaufen. In Lourdes konnten solche Sammelarbeiten am besten am Massabielle-Wehr durchgeführt werden, wo die Knochen von ertrunkenen Tieren, die flußabwärts trieben, angeschwemmt wurden. Darum und weil man in der Nähe Brennholz schlagen konnte, befanden sich gegen Mittag des 11. Februar 1858 Bernadette, ihre jüngere Schwester Toinette und Jeanne Abadie, eine Freundin, in Massabielle.

Die drei Kinder beschlossen, den Fluß beim Wehr zu überqueren. Toinette und Jeanne wateten hindurch – die asthmakranke Bernadette war etwas vorsichtiger. Erstaunlicherweise stammt der erste ernstzunehmende Augenzeugenbericht dieses Ereignisses leider erst vom 28. Mai 1861. Er muß trotzdem zitiert und als ein wichtiges Beweisstück betrachtet werden:

Ich lief ein bißchen weiter, um zu sehen, ob ich den Fluß überqueren könnte, ohne Schuhe und Strümpfe abzulegen – aber es ging nicht. Dann ging ich zurück und zog mir gegenüber der Grotte die Schuhe und Strümpfe aus. Als ich gerade damit anfing, hörte ich ein Geräusch. Ich drehte mich nach der Wiese um und sah, daß sich die Bäume überhaupt nicht bewegten. Ich zog mir meine Schuhe und Strümpfe weiter aus. Wieder hörte ich das gleiche Geräusch. Ich hob den Kopf und sah zur Grotte hinüber. Ich sah eine weiß gekleidete Dame. Sie trug ein weißes Kleid und eine blaue Schärpe und an beiden Füßen eine gelbe Rose. Gelb war auch die Farbe ihres Rosenkranzes. Als ich sie sah, rieb ich mir die Augen – ich glaubte zu träumen. Ich steckte meine Hand in die Tasche und fand dort meinen Rosenkranz. Ich wollte das Kreuzzeichen schlagen, konnte meine Hand aber nicht zur Stirn führen, weil sie herabfiel. Die Erscheinung schlug das Kreuzeszeichen, nun zitterte meine Hand. Ich versuchte, auch das Kreuzzeichen zu schlagen, und es gelang mir. Ich betete einen Rosenkranz. Die Erscheinung ließ ihren Rosenkranz durch die Finger gleiten, bewegte dabei aber die Lippen nicht. Als ich meinen Rosenkranz beendet hatte, verschwand die Erscheinung plötzlich.

Da dieser Bericht mehr als drei Jahre nach dem Geschehnis aufgezeichnet wurde, lohnt sich ein Vergleich mit Bruchstücken, die sich von früheren Darstellungen erhalten haben. Auffällig ist, daß sich hier schon eine romantische Sicht der Ereignisse in Lourdes abzeichnet. Es sieht so aus, als hätte Bernadette bei einer Beichte zwei Tage nach der ersten Erscheinung zu dem Priester lediglich gesagt, sie habe etwas Weißes von der Gestalt einer Frau oder eines Mädchens gesehen. Auf alle Fälle nannte sie diese Erscheinung lange »Aquero«, was in der Übersetzung aus dem lokalen Bigourdan-Dialekt so viel wie »das da« oder »das Ding« bedeutet. Es stimmt auch, daß das Kind zunächst behauptete, die Erscheinung habe etwa sein Alter gehabt, nämlich 14 Jahre. Und Bernadette selbst war klein für ihr Alter. In dem Bericht von 1861 hat die Gestalt der Erscheinung große Ähnlichkeit mit der Darstellung auf der *wunderbaren Medaille* und manchen der Vision von La Salette nachempfundenen Statuen, die gerade zu jener Zeit in der Stadt bekannt wurden. Es fällt auf, daß Statuen der Maria von Lourdes selten, wenn überhaupt, ein junges Mädchen in Weiß darstellen. Aber dies könnte auch ein Umstand sein, der historischen und kommerziellen Erwägungen entspringt und braucht nicht notwendigerweise gegen die Echtheit der Erscheinungen sprechen.

Die Annahme liegt nahe, daß Bernadette bei dieser ersten Erscheinung in einen Zustand der Ekstase fiel, sich ganz ihren Empfindungen hingab und ihre reale Umwelt vergaß. Beim Überqueren des Mühlflusses spürte sie die bittere Kälte nicht. In einen ähnlichen Zustand fiel sie während einer zweiten Erscheinung am Sonntag, dem 14. Februar, als sie von 10 bis 12 jungen Mädchen gefolgt zur Grotte zurückkehrte, »als ob sie jemand zwänge, dorthin zu gehen«. Außer daß Bernadette diesmal Weihwasser bei sich hatte, mit dem sie ohne sichtliche Folgen die Gestalt bespritzte für den Fall, sie habe der Teufel geschickt, geschah fast genau dasselbe wie am Donnerstag. Diesmal mußte Bernadette jedoch von zwei Erwachsenen nach Hause begleitet werden.

Nun kam das Gerücht auf, daß es sich bei der Erscheinung um eine gewisse Elisa Latapie handle, ein frommes katholisches Mädchen, das am 2. Oktober 1857 im Alter von 28 Jahren gestorben war. Als Bernadette am Freitag, dem 18. Februar, wieder zur Grotte ging, begleiteten sie deshalb

Bernadette Soubirous: Fotografie aus dem Jahr der Erscheinungen*

zwei Frauen aus dem Ort, darunter eine Verwandte des »Geistes«, die mit Bleistift und Papier ausgerüstet war. Diese Vorkehrungen zeigen deutlich, wie unsicher die Identifizierung der Gestalt zu diesem Zeitpunkt noch war.

Diesmal forderten die Erwachsenen Bernadette dazu auf, die Initiative zu ergreifen. Sie sprach die Erscheinung nun an, statt einfach niederzuknien und den Rosenkranz zu beten. Bernadette fragte: »Würdet Ihr so lieb sein, Euren Namen aufzuschreiben?« Die Erscheinung, die zum erstenmal sprach, antwortete: »Das ist nicht nötig.« Dann fragte sie: »Willst du denn so lieb sein und zwei Wochen lang jeden Tag herkommen?« Das Kind antwortete: »Ja.« Dann sprach die Gestalt wieder. »Ich verspreche nicht, dich in dieser Welt glücklich zu machen, aber in der andern.« Daraufhin verschwand die Erscheinung. Ich muß allerdings darauf hinweisen, daß die anderen Anwesenden die Gestalt weder sahen noch hörten und sich erst von Bernadette, nachdem sie aus der Trance erwachte, erzählen ließen, was vorgefallen war.

Von diesem Vorfall an ging Bernadette bis zum 4. März täglich zur Grotte. Hatte bis dahin Unstimmigkeit darüber geherrscht, wer sich hinter der Erscheinung verberge, entschied nun Madame Milhet, eine der vorher erwähnten Begleiterinnen, daß es sich wohl um die Jungfrau Maria handle. Diese Ansicht griff rasch um sich. Nach der dritten Begegnung begann Bernadette die Erscheinung »die Jungfrau« oder »die kleine Jungfrau« zu nennen.

Am 19. Februar ging Bernadette mit ihrer Mutter und der Tante Bernarde, der Gastwirtin, die eine *wunderbare Medaille* um den Hals trug, zur Grotte. Es wurde kein Wort gesprochen. Das ekstatisch verzückte Gesicht des Kindes war so erschreckend anzusehen, daß die Mutter Louise fürchtete, ihre Tochter würde sterben.

Über die Erscheinung vom 20. Februar gehen selbst die Aussagen der verläßlichsten Berichte auseinander. Einige behaupten, daß die Erscheinung diesmal stumm blieb. Hellé[6] dagegen vertritt die Auffassung, daß die Jungfrau Bernadette ein geheimes Gebet beibrachte, das nicht im Katechismus steht und von dem sie nie auch nur ein einziges Wort verriet. Die Ausflüge zur Grotte wurden vor

sechs Uhr in der Frühe unternommen. An den darauffolgenden Tagen fanden sich bis zu tausend Menschen ein, um Bernadettes Ekstase mitzuerleben. An diesem Tag begann Bernadette zu weinen, und als man sie nach dem Grund fragte, antwortete sie, die Jungfrau habe eben sehr traurig ausgesehen und zu ihr gesagt: »Bitte für die Sünder.« Später am gleichen Tag wurde Bernadette lange vom Pfarrer der Gemeinde und danach von einem königlichen Gesandten und dem Polizeihauptmann der Stadt befragt. Man behauptet, daß die Herren ihre Aufgabe äußerst boshaft durchgeführt und das Kind befragt hätten, während es drei Stunden lang stehen mußte.
Trotz Fangfragen und Drohungen scheinen sie aber keine nennenswerten Widersprüche und Unstimmigkeiten in den Aussagen des Mädchens gefunden zu haben. Nach diesen Aufregungen verboten François und Louise Soubirous ihrer Tochter, am Montagmorgen wieder zur Grotte zu gehen. Bernadette machte sich zunächst pünktlich zur Schule auf. Dann gewann aber die Neugierde oder ein innerer Zwang die Oberhand, und gefolgt von der Polizei und etwa 50 Schaulustigen (die vermutlich in der Nähe der Schule auf sie gewartet hatten) ging sie zur Grotte. Es fand keine Erscheinung statt.
Am Morgen des 23. Februar gegen 6 Uhr versammelte sich eine große Menge Schaulustiger vor der Grotte, darunter ein Arzt und ein Steuerinspektor, ein gewisser Estrade, der auf der Stelle bekehrt wurde. Es läßt sich nicht eindeutig feststellen, was die Erscheinung bei dieser Gelegenheit genau gesagt haben soll. Neame[5] und Hellé[6] behaupten, daß Bernadette drei Geheimnisse anvertraut worden seien (was bei Kindervisionen immer wieder auftaucht) mit dem Befehl: »Ich verbiete dir, dies irgend jemandem weiterzusagen.« Andere Berichterstatter sind sich da nicht so sicher. Die Erscheinung am folgenden Tag, dem 24. des Monats, war die achte in dieser Serie. Bernadette hat dabei angeblich ausgerufen, was sie gerade selbst gehört hatte:

»Buße, Buße, Buße!« Neame meint, ihr sei befohlen worden: »Du sollst für die Sünder zu Gott beten!«
Es ist erstaunlich, daß selbst bei dieser berühmtesten aller Marienerscheinungen von den damaligen Untersuchungsbeamten so wenig Wert auf genaue Details gelegt wurde. Es fehlt an Informationen über die Ereignisse, über den Inhalt der Gespräche, über Zeit und Ort, so daß die Beweiskraft mancher Berichte ernsthaft in Frage gestellt werden muß. Tatsachen festzustellen ist äußerst schwierig.
Der nächste Tag, der 25., ist wichtig, weil nun die Heilungen mit Lourdes-Wasser einsetzten, die mit den Jahren so berühmt werden sollten. Etwas mehr als dreihundert Personen warteten an diesem Tag vor der Grotte. Man sah, wie Bernadette ihren Rosenkranz betete und dann plötzlich auf allen vieren in die Grotte hineinkroch. Sie schien den Boden nach etwas abzusuchen. Danach begann sie sich Erde in den Mund zu stopfen und daraufhin zu erbrechen. Dies wiederholte sie drei- bis viermal, bis sie nicht mehr auf Erde, sondern auf Schlamm stieß. Dann aß sie einige Blätter von einer wilden Pflanze, die in der Nähe stand. Dieser Anblick erweckte Mitleid und Entsetzen bei den Zuschauern, aber Bernadette erklärte später, die Jungfrau habe zu ihr gesagt: »Geh und trink von der Quelle und wasche dich in ihr.« Das Mädchen dachte, die Gestalt habe den Fluß gemeint, worauf diese aber auf den Boden deutete und Bernadette schließlich eine feuchte Stelle in der Erde fand. Die Jungfrau sprach sodann: »Geh und iß die Pflanze dort.« (Für diese seltsame Anweisung gibt es keine Erklärung.)
Es ist eines der echten, physikalisch nachweisbaren Wunder von Lourdes, daß durch das Scharren im Boden eine Quelle entsprang, die schon zwei Tage danach mehr als 68 Liter Wasser pro Tag hervorbrachte und heute der Mittelpunkt des Marienverehrungsortes ist.
Es scheint unglaublich, aber tatsächlich bestehen Zweifel, ob am nächsten Tag eine Erscheinung stattgefunden hat

oder nicht und ob am 27. Februar, falls es eine Vision gab, dabei etwas gesprochen wurde. Möglicherweise wurde ihr gesagt: »Geh und küsse den Boden zur Buße für die Sünder.« Dies hat das Mädchen anscheinend getan. Sie verhielt sich auf alle Fälle ähnlich, wie sie sich angeblich am 28. Februar bei der elften Erscheinung verhalten hatte.
Man darf wohl glauben, daß zur Zeit der nächsten, der zwölften Erscheinung, am Montag, dem 1. März 1858, das Wasser der Quelle schon in Flaschen abgefüllt wurde und daß sich das Gerücht von seiner heilenden Kraft in der ganzen Gegend verbreitete. Wenn es sich tatsächlich so verhalten hat, kann man sich leicht vorstellen, wie erstaunt Bernadette darüber gewesen sein mußte, besonders als sie hörte, daß ein Zuschauer durch ihre Kraft oder die des Wassers von einer Lähmung in zwei Fingern geheilt wurde. Das einzig Besondere an dieser Erscheinung hatte sich wohl ereignet, als Bernadette den Rosenkranz, den ihr eine Freundin gegeben hatte, aus der Tasche zog. Die Jungfrau sagte ein wenig scharf: »Wo ist dein eigener Rosenkranz? Der da ist nicht deiner. Nimm deinen eigenen.«
Vom nächsten Tag an kann man jedoch einen neuen Ton und eine andere Umgangsweise der Erscheinung gegenüber Bernadette und Bernadettes gegenüber den Behörden beobachten. Vielleicht ging ihr nun auf, daß sie, wenn in La Salette plötzlich eine Quelle entspringen konnte, wo vorher kein Wasser war, daß sie dann zu einer Überbringerin von Botschaften werden konnte, die weit bedeutender waren als die, welche sie bis dahin weitergeleitet hatte. Sie sagte, ihr sei befohlen worden: »Geh und sage den Priestern, daß die Gläubigen Prozessionen hierher machen sollen.« Bernadette brach sofort auf und richtete die Botschaft dem Dorfpfarrer Peyramale aus, der während der gesamten Dauer der Erscheinungen die Grotte erstaunlicherweise nicht einmal besucht hatte. Der Priester reagierte eher ärgerlich und zeigte kein Interesse, worauf Bernadette wieder fortging. Kurz darauf kam sie zurück, um ihm zu

Typisch idealisierende Darstellung einer Lourdes-Vision*

sagen, von ihm werde auch erwartet, »daß er hier eine Kapelle errichten ließe«. Peyramale war alles andere als erfreut.
Da die Berichte über die Erscheinungen gerade in den Details nicht übereinstimmen, wäre es ein hoffnungsloser Versuch, die Anzahl der Zuschauer vor der Grotte an den verschiedenen Tagen bestimmen zu wollen. Vielleicht waren es an einem Tag hundert oder tausend und an einem anderen sieben- oder zwanzigtausend. Die Zahl hängt eindeutig von der eigenen Gläubigkeit des Verfassers ab. Wie dem auch sei, am Morgen des 3. März versammelten sich auf alle Fälle mehrere tausend Menschen vor der Grotte, ohne daß allerdings eine Erscheinung stattgefunden hätte. Es wird erzählt, am Nachmittag habe sich eine kurze Vision ereignet, die aber in aller Stille verlief. Eine noch größere Menge Schaulustiger fand sich am 4. März ein, als jedermann irgendein Wunder erwartete. Nichts geschah. Am Nachmittag ging Bernadette, die sich durch die Menschenansammlung ziemlich gestört fühlte, noch einmal zu Pfarrer Peyramale, um ihn von der Notwendigkeit der Prozessionen und der Kapelle zu überzeugen. Er hingegen verlangte, die Jungfrau solle ihren Namen nennen.
Ich möchte daran erinnern, daß sich Bernadette zu Beginn der Reihe von Visionen durch einen »inneren Zwang« getrieben fühlte, die Grotte zu bestimmten Zeiten aufzusuchen. Bislang hatte dies bedeutet, daß sie einmal um sechs Uhr morgens und oft noch einmal später am Tag dorthin ging. Die Besuche verliefen also ziemlich regelmäßig. Nun kam aber eine dreiwöchige Unterbrechung bis zum 25. März, dem Gründonnerstag und dem Fest Mariä Verkündigung. An diesem Tag wurde das Mädchen wieder gerufen. Die Grotte war zu diesem Zeitpunkt schon über und über mit Blumen und Kerzen geschmückt.
Theologisch gesprochen – um ein Wort zu verwenden, das sonst nur selten in Schriften über religiöse Erscheinungen auftaucht – wurde der 25. März 1858 von der Gestalt selbst,

die in der Grotte erschien, zum Tag des Beweises gemacht. Viele andere hatten die Erscheinungen schon lange vorher für glaubwürdig gehalten. Als ich von Bernadettes Aufenthalt in Bartres sprach, erklärte ich, warum ich alles andere als überzeugt sei von der angeblichen Echtheit der Botschaft. Selbst wenn Bernadette den Ausdruck nicht schon im Haushalt der Lagues mitbekommen hatte, mußte sie von ihm gehört haben, als ihre Bekanntheit Gläubige aus der ganzen Gegend anzog, die mit ihr über die Erscheinungen sprechen wollten.

Am 25. März fragte Bernadette in der Grotte dreimal die erscheinende Gestalt: »Madame, würdet Ihr so lieb sein und mir sagen, wer Ihr seid?« Die Gestalt antwortete: »Ich bin die unbefleckte Empfängnis.« Darauf verschwand sie fast augenblicklich.

Es sollen noch zwei weitere Erscheinungen stattgefunden haben, bevor Bernadettes Besucherin für immer verschwunden blieb. Aber weder am 7. April noch am 16. Juli wurde Bernadette irgendeine Botschaft übermittelt, obwohl sich das Mädchen am ersten der beiden Tage anscheinend in einem ekstatischen Zustand befand, der es sogar einer Kerzenflamme gegenüber, die sie ihre Finger streifen ließ, unempfindlich machte. Die Lourdes-Visionen waren vorbei; die Lourdes-Legende – beide Dinge sind manchmal grundverschieden – hatte gerade erst begonnen.

4

Pontmain, Frankreich, 17. Januar 1871

»Ich wollte nur in den Himmel sehen«

In England kann man sich nur schwer vorstellen, wie schlimm der Deutsch-Französische Krieg von 1870/71 war und welche Auswirkungen er auf das restliche Europa hatte. Napoleon III. hatte im September 1870 in der Schlacht von Sedan eine schwere Niederlage hinnehmen müssen. Innerhalb weniger Monate waren Straßburg und Metz gefallen, und Paris erlebte die schwerste Belagerung der letzten zwei Jahrhunderte. Das französische Heer hatte schwere Verluste erlitten und befand sich moralisch auf dem Tiefpunkt. Am Tag der Erscheinung von Pontmain lag das deutsche Heer wenige Kilometer vor Laval, der wichtigsten Stadt des Departements Mayenne und dem Zentrum der Diözese, zu der Pontmain gehört.

Von den zirka 500 Einwohnern des Dorfes Pontmain hatten sich 38 bei der Armee einschreiben lassen. Einer davon war ein junger Mann namens Auguste Friteau. Am Abend des 17. Januar 1871 erreichten gute Nachrichten über sein Befinden das Dorf. Gegen halb sechs Uhr begab sich eine gewisse Janette Detais, Leichenbestatterin des Dorfes, zum Hof von Friteaus Stiefvater, César Barbadette, um ihm die Nachricht zu überbringen. Dieser war gerade dabei, mit seinen zwei Söhnen Eugène, 12 Jahre alt, und Joseph, zehn Jahre alt, Stechginster zu zerkleinern, um ihn an die Pferde zu verfüttern. Als Mme. Detais ankam, unterbrach der Bauer seine Arbeit, um sich mit ihr zu unterhalten. Eugène, der Patenkind und Halbbruder Friteaus war und von diesem sehr gemocht wurde, kam nicht näher, um ihr zuzuhören, was recht unartig war, sondern ging auf die offene Stalltür zu. Später soll er gesagt haben: »Ich wollte nur in den Himmel sehen.«

Am Morgen war Schnee gefallen, der noch auf dem Boden

lag. Der Himmel war klar, und es war fast dunkel. Als Eugène zum Nachbarhaus hinüberblickte, erlebte er die ersten Anzeichen seiner bedeutenden Visionen.

Verglichen mit den anderen Kinder-Erscheinungen gibt es zu der von Pontmain, vor allem auf englisch, recht wenig Quellenmaterial. Die meisten der neueren Darstellungen sind ziemlich knapp. Deshalb habe ich die nachstehende Schilderung im wesentlichen aus zwei frühen Berichten zusammengestellt, die mehr aussagen. Der eine trägt den Titel *The Apparition at Pontmain* (Die Erscheinung von Pontmain), verfaßt vom Abbé Richard[7], und wurde schon am 5. August 1871 ins Englische übersetzt und im selben Jahr veröffentlicht. Der andere Bericht ist dem Buch Bernard St. Johns[8] *The Blessed Virgin in the Nineteenth Century* (Die heilige Jungfrau im 19. Jahrhundert) entnommen, das 1903 publiziert wurde. Aus welchem Grund auch immer, ich konnte nicht eine einzige Darstellung finden, die grundsätzlich die Glaubwürdigkeit der Aussagen der Kinder in Frage gestellt hätte.

Aber kommen wir zur Geschichte selbst zurück. Eugène Barbadette soll sich etwa 15 Minuten unbemerkt bei der Stalltür aufgehalten haben. Zunächst bemerkte er, daß über dem Dach des Nachbarhauses »Sterne fehlten«. Dann zeigte sich plötzlich »über dem Dach dieses Hauses« die Erscheinung. Als Eugène älter und schon Pfarrer geworden war, beschrieb er das Ereignis so:

Ich sah eine Frau von unbeschreiblicher Schönheit. Sie schien sehr jung zu sein – etwa 18 bis 20 Jahre – und war ziemlich groß. Sie trug ein dunkelblaues Kleid... Das Kleid war mit fünfzackigen Sternen bedeckt, die alle gleich groß waren und leuchteten, ohne aber Strahlen auszusenden. Es waren nicht sehr viele und sie schienen wahllos auf das Blau gestreut. Das Kleid war weit geschnitten, hatte ein paar strenge Falten und fiel glatt, ohne Gürtel oder Raffung, vom Hals bis zu den Füßen. Es hatte weite und

Die vier Hauptzeugen von Pontmain

lange Ärmel, die bis über die Hände reichten. An den Füßen, die nicht von dem Gewand bedeckt wurden, trug sie Schuhe von derselben Farbe des Kleides, die mit goldenen Schleifen verziert waren. Auf dem Kopf trug sie einen schwarzen Schleier, der die Stirn zur Hälfte verhüllte, Haar und Ohren verdeckte und über die Schultern fiel. Darauf saß eine goldene Krone, die wie ein Diadem aussah, das sich über der Stirn aufwölbte und zu den Seiten hin abflachte. Eine etwa fünf bis sechs Millimeter breite rote Linie lief in halber Höhe um die Krone herum... ihre Hände waren klein... das Gesicht war leicht oval... ein unbeschreiblich süßes Lächeln spielte um ihren Mund.

In einem Bericht wird angenommen, daß es sich bei der Erscheinung, wie Eugène zunächst glaubte, um eine Vorahnung des Todes seines Bruders in der Armee handelte. Jedenfalls sprach Eugène mit niemandem, bis Jeanne Detais aus dem Stall kam und er zu ihr sagte: »Janette, schau' mal hinüber zu Augustin Guidecoqs Haus, ob du dort nichts siehst.«
In der Frage des Abstandes, aus dem die Erscheinung wahrgenommen wurde, weichen die Berichte voneinander ab – einmal sind es 6 Meter, dann 100 Meter, dann wieder 6 Meter über dem Erdboden. Wie auch immer, Jeanne Detais konnte nichts Außergewöhnliches bemerken. Eugènes Vater und sein Bruder hatten auch gehört, was er sagte, und kamen ebenfalls an die Stalltür. Der Vater sah nichts, aber als Eugène seinen Bruder fragte, ob er etwas sehe, antwortete dieser: »Ja, ich sehe eine wunderschöne Jungfrau.« – »Was hat sie an?« fragte Eugène. »Ich sehe ganz deutlich eine große Dame in einem blauen Kleid, mit goldenen Sternen darauf und in blauen Schuhen mit goldenen Schleifen.«
Wenn wir dem Bericht, der kurz nach dem Ereignis niedergeschrieben wurde, glauben dürfen, war Joseph auch im folgenden immer in der Lage, die Erscheinung unabhängig von Eugène und doch in Übereinstimmung mit dessen Schilderungen zu beschreiben. Der Vater der Jungen versuchte, ihnen klar zu machen, daß sie ja gar nichts sehen konnten. Die drei machten sich wieder an die Arbeit. Aber kurz darauf überkam ihn die Neugierde, und er sandte Eugène wieder hinaus. Als der Junge behauptete, die Jungfrau sei noch immer da, wurde er nach der Mutter ge-

schickt. Als sie ankam, klatschte Joseph gerade vor Entzücken in die Hände, aber auch sie konnte nichts bemerken. Trotzdem war sie irgendwie überzeugt, daß die Kinder sich nicht verstellten, und ließ deshalb die Familie fünf *Vaterunser* und *Ave-Maria* zu Ehren der Besucherin beten. Damit könnte sie schon die Grundlage für eine bestimmte Identifizierung der Erscheinung gelegt haben.

Zu diesem Zeitpunkt waren auch bereits die Nachbarn aufmerksam geworden. Die Eltern der Jungen sagten, es sei gar nichts gewesen, fuhren aber fort, im Stall hinter geschlossenen Türen zu beten. Um 6.15 Uhr war die Arbeit beendet, und man nahm das Abendbrot ein. Die Jungen begaben sich nur widerwillig ins Haus. Sie schlangen ihr Essen rasch hinunter und gingen dann wieder hinaus. Als sie zurückkamen, sagten sie: »Es ist immer noch da. Die Jungfrau ist so groß wie Schwester Vitaline.« Diese Schwester war eine der Nonnen, die die Dorfschule führten, und etwa 1,70 Meter groß. Als ihr Name erwähnt wurde, entschloß sich die Mutter der Jungen, die nicht mehr wußte, ob die Kinder nun logen oder ob sie weiter beten sollten, daß Schwester Vitaline geholt werden müsse.

Mit der Schwester waren noch ein paar Kinder in der Schule, die zweifellos hörten, wie Victoire Barbadette berichtete, ihre Söhne hätten etwas gesehen, was sie aber nicht sehen könne. Es läßt sich nicht sagen, welche Einzelheiten die Mutter in ihrer Aufregung und Eile erwähnte. Es ist gut möglich, daß sie gesagt hat, die Erscheinung sei die Jungfrau Maria selbst. Zunächst begab sich nur Schwester Vitaline zum Stall. Anscheinend sah sie drei Sterne, von denen die Jungen behaupteten, sie würden den Kopf der Jungfrau umrahmen, aber sonst bemerkte sie nichts. Es heißt, seit jenem Tag hätten die Dorfbewohner die drei Sterne nie mehr gesehen.

Die Schwester und Victoire Barbadette kehrten zur Schule zurück. Diesmal gingen die drei Kinder ohne ihre Lehrerin zum Stall. Zwei von den drei Mädchen, Jeanne-Marie Le-

bosse, 9 Jahre alt, und Françoise Richer, 11 Jahre alt, sollen gleich nachdem sie dort ankamen, wo Eugène und Joseph noch immer standen und schauten, wie diese ausgerufen haben: »Oh, was für eine schöne Jungfrau.« Das dritte Kind, Augustine Manton, deren Alter ich nicht feststellen konnte, sah nichts.
In der Zwischenzeit war Schwester Vitaline mit einer weiteren Ordensfrau, Schwester Marie Edouard, zurückgekommen. Sie sprach zu den vier Kindern, obwohl sie selbst keine Erscheinung wahrnahm. Sie soll gesagt haben: »Wenn diese Kinder etwas sehen, müssen wir noch welche holen, die jünger sind.«
Gesagt, getan. Schwester Edouard ließ den sechs Jahre alten Eugène Friteau rufen, den seine Großmutter brachte, während sie selbst zum Dorfpfarrer, Abbé Guérin, ging. Ganz aufgeregt kam sie dort an und rief: »Es ist ein Wunder geschehen – eine Erscheinung – die Kinder sehen die heilige Jungfrau.« Der alte, allseits geschätzte Pfarrer begab sich eilends zum Stall, begleitet von seiner Haushälterin. Wie die anderen Erwachsenen konnte er die Erscheinung nicht sehen, aber kurz nachdem er angekommen war, behauptete auch der sechsjährige Eugène Friteau, er sehe die Dame. Der Junge war ein schwaches, krankes Kind und hatte nur noch drei Monate zu leben. Dann starb er. Man behauptete auch, Augustine Boitin, die Tochter des örtlichen Schusters, habe die Vision erlebt. Aber da sie erst zwei Jahre alt war und alles, was sie sagen konnte, »Jesus, Jesus« war, kommt sie als Zeugin nicht in Betracht.
Leider hat niemand genau aufgeschrieben, wie sich die Dinge zeitlich entwickelten, denn jetzt kommen wir schon zur entscheidenden Phase dieser Serie von Ereignissen. Inzwischen sollen sich bereits 50 bis 60 Personen allen Alters vor dem Stall versammelt haben, einschließlich des Pfarrers und der beiden Klosterschwestern, von denen eine ein recht seltsames Gebet, nämlich den Rosenkranz der japanischen Märtyrer, laut herunterbetete. Die vier Seher,

zwei Jungen und zwei Mädchen, standen im Mittelpunkt der Aufmerksamkeit. Die Menge scharte sich um sie und fragte, was sie sahen. Ich vermute, daß das Interesse und der Druck, den die Zuschauer auf die Kinder ausübten, die weitere Entwicklung der Visionen beeinflußten. Die Bilder, die jetzt auftauchen, erinnern an herkömmliche Themen der christlichen Kunst und besonders an die *wunderbare Medaille*. Ihre Aussage könnte jedoch eine andere sein.
Kurz nach der Ankunft des Priesters soll sich die Erscheinung zum erstenmal verändert haben. Ein kleines rotes Kreuz erschien auf der Brust der heiligen Jungfrau, dann bildete sich ein ovaler Rahmen um sie, in dem vier nicht brennende Kerzen sichtbar wurden. Dann berichteten die Kinder, die Jungfrau bekäme einen »traurigen Gesichtsausdruck«, worauf der Pfarrer die Gläubigen aufforderte, den Rosenkranz zu beten. Als die Anwesenden niederknieten, sagten die Kinder, die Figur sei zu einer Größe von etwa dreieinhalb Metern angewachsen, wobei auch der Rahmen sich vergrößert habe, gerade als ob sie die Inbrünstigkeit des Gebets habe wachsen lassen. In dem Bericht von 1871 heißt es:

Es schien den Kindern, als würden sich die Sterne bewegen, sich vor der Jungfrau anordnen und zu zwei und zwei zu ihren Füßen Aufstellung nehmen, so wie die Menschen zu beiden Seiten der Straße stehen, wenn ein Wagen durchfährt. Gleichzeitig vermehrten sich die Sterne auf ihrem Gewand.

Als Schwester Marie Edouard anhob, das *Magnificat* zu singen, trat eine weitere Veränderung ein.

Eine große weiße Fläche, die etwa 14 Meter breit und 100 Meter lang war, wurde unter den Füßen der Jungfrau und unter dem blauen Oval sichtbar. Den Kindern schien es, als

Der Stall in Pontmain, zu einer Kapelle umgewandelt

ob eine unsichtbare Hand langsam wunderschöne Buchstaben aus Gold auf diese Tafel oder dieses Banner schrieb.

Nach und nach, so behaupteten die Kinder, sei das Wort »MAIS« (aber) erschienen und für etwa 10 Minuten geblieben. Zur gleichen Zeit erreichte die Nachricht, daß die Preußen vor Laval seien, das Dorf. Der ganze Schriftzug lautete vermutlich: »MAIS PRIEZ MES ENFANTS« (aber betet, meine Kinder). Interessanterweise hatte gerade Schwester Vitaline die Angewohnheit, ihre Sätze, grammatisch nicht ganz korrekt, mit »aber« zu beginnen. Inzwischen, zwei Stunden nach Beginn der Vision, war es etwa halb acht Uhr. Es war so kalt geworden, daß sich die Zuschauermenge in den Stall begab, während die Kinder an der Stalltür stehenblieben und von dort berichteten, was sie sehen konnten. Schwester Marie Edouard begann die Litanei von Loreto (dem Ort, an dem sich das Wunder der *Santa Casa* ereignete) zu singen, und die Kinder sagten

weitere Worte. Sie lauteten jetzt: »DIEU VOUS EXAUCERA EN PEU DE TEMPS« (Gott wird eure Gebete bald erhören). Die anwesende Menge vermutete sofort, daß sich die Botschaft auf den Verlauf des Krieges beziehe, und äußerte diese Meinung auch laut. Die Kinder berichteten, die Jungfrau habe als Antwort darauf nur gelacht. Während weiter gesungen und gebetet wurde, erschien eine zweite Reihe von Worten: »MON FILS SE LAISSE TOUCHER« (mein Sohn läßt sich erweichen).
Die Menge, die jetzt noch aufgeregter war, begann eine Hymne auf die heilige Jungfrau zu singen. Als sie geendet hatte, verschwanden die Worte. Vor der Jungfrau erschien ein rotes Kreuz, das etwa eineinhalb Meter hoch war und einen Christus in denselben Farben trug. Ein kleineres darüberliegendes Querholz trug die Aufschrift »Jesus Christus«. Die Jungfrau hielt es mit ihren Händen hoch, bis das ganze Kreuz verschwand. Dann lächelte sie wieder. Ein Stern kreiste in dem Rahmen und zündete die Kerzen an, um dann über dem Kopf der Dame stehenzubleiben.
Abbé Guérin rief die Gläubigen auf, gemeinsam das Nachtgebet zu sprechen. Es war gegen halb neun Uhr. Nach dem Bericht von 1871 sagten die Kinder dann:

Ein langer, weißer Schleier, der unter den Füßen der heiligen Jungfrau zum Vorschein kam, bewegte sich langsam aufwärts und bedeckte sie bis zur Hüfte. Er stieg weiter nach oben und hüllte sie bis zum Hals ein. Eugène sagte, es habe ausgesehen, als ob die Jungfrau in einer Art Tasche verschwinde. Jetzt konnten die Kinder nur noch das Gesicht der Jungfrau sehen, das von himmlischer Schönheit war und noch immer lächelte. Bald wurde auch das Gesicht bedeckt, und sichtbar blieb nur die Krone mit den darüber stehenden Sternen. Dann verschwand alles, auch das große, blaue Oval und die vier Kerzen, die bis zum Schluß gebrannt hatten. Vom anderen Ende des Stalles rief der Dorfpfarrer die Kinder an und fragte sie:

»Könnt ihr noch etwas sehen?«
Sie antworteten alle im Chor: »Nein, Herr Pfarrer, es ist alles verschwunden. Es ist alles vorbei.«
Es war nun viertel vor neun. Die Menge machte sich langsam auf den Heimweg und unterhielt sich noch über das wundersame Ereignis, das einen Eindruck von tiefer und unauslöschlicher Süßigkeit hinterlassen hatte.

Es heißt, daß das deutsche Heer seinen Vormarsch auf Laval am 17. Januar 1871 um 17.30 Uhr, also genau zu dem Zeitpunkt, an dem die Erscheinung von Pontmain begann, abgebrochen hätte. Die Entscheidung schien an diesem Abend gefallen zu sein. Tatsächlich habe ich gelesen, daß General Schmidt, der preußische Befehlshaber, am nächsten Morgen gesagt haben soll: »Wir können nicht weiter vorstoßen. Drüben, in Richtung Britany, versperrt uns eine unsichtbare Madonna den Weg.«
Diese Äußerung braucht man natürlich nicht ernst zu nehmen. Sie ist sicher nur Ausdruck der Übertreibung dessen, was auch so schon eine außergewöhnliche Geschichte ist. Denn selbst wenn es sich bei der Erscheinung nicht wirklich um die Jungfrau Maria handelte, sondern eher um eine Verschmelzung der Muttergottes mit Schwester Vitaline und der *wunderbaren Medaille*, können wir doch die vier oder fünf Bauernkinder eines abgelegenen Dorfes nicht leugnen, die einer großen Menge von Verwandten und Nachbarn Kenntnisse von komplexen Geschehnissen bewiesen, die sich in einiger Entfernung abspielten. Sollte die Erscheinung aber den Rückzug der deutschen Armee nicht nur gemeldet, sondern gar ausgelöst haben, dann wird die Vision von Pontmain zu einem noch größeren Rätsel.

5

Knock, Irland, 21. August 1879

*»Ich verließ das Haus und rannte hinauf,
um zu sehen, was geschah«*

Nachdem wir nun drei Erscheinungen, die sich innerhalb von 25 Jahren im gleichen Land ereigneten, dargestellt und untersucht haben, dürfte klargeworden sein, daß sich eine Art Schema zu entwickeln beginnt. Die Seher stammen alle aus dem bäuerlichen Milieu, haben einen niederen Lebensstandard, wenig Bildung und Lebenserfahrung. Die Erscheinungen bewegen und äußern sich in allen möglichen Absichten und zu den verschiedensten Zwecken – oft vermitteln sie Informationen zu gegenwärtigen oder zukünftigen Ereignissen in einer Welt, die den jungen Sehern unbekannt ist.
Wenn alle Erscheinungen nach dem gleichen Schema abliefen, wäre es natürlich viel leichter, ihre Glaubwürdigkeit einzuschätzen. Bei den meisten verhält es sich tatsächlich so, obwohl man dafür verschiedene Erklärungen finden kann. Aber dann gibt es doch auch Fälle, die ihre Seher sehr berühmt machten, zu Wallfahrten und Wunderheilungen führten und die doch einen ganz anderen Ablauf hatten. Knock ist hierfür ein Beispiel. Da diese Erscheinung häufig angezweifelt wird, ist es besonders wichtig, auf die unmittelbarsten und ältesten Berichte zurückzugreifen. Hier haben wir das Glück, daß wir über die Aufzeichnungen (die ich für wirklich einwandfreie Übertragungen halte) der Seher-Berichte durch die »erste Untersuchungskommission« verfügen, die sich nur sechs Monate nach dem Geschehen zusammensetzte. Aus diesen Berichten werde ich ausführlich zitieren.
Knock ist heute ein Wallfahrtsort von internationalem Rang. Gegenwärtig wird dort ein Flughafen gebaut, um Menschen aus aller Welt den Besuch der Stätte zu ermöglichen. Als Papst Johannes Paul II. Irland besuchte, war er

Die Kapelle von Knock*

auch in Knock. Neben Lourdes ist Knock sicher der bedeutendste Ort der Marienverehrung in Europa, der auf eine Erscheinung hin entstand. Aber wie kam es dazu genau? Es steht fest, daß die frühen Meldungen von Heilungen, die mit der Vision in Zusammenhang gebracht wurden, wesentlich zur Bekanntheit von Knock und zur Einrichtung der Wallfahrtsstätte beigetragen haben. Aber was kann man zur Glaubwürdigkeit der Erscheinung selbst sagen? Knock war nur ein kleines Dorf der Grafschaft Mayo im Westen Irlands, das abseits lag und bis zu der Erscheinung von niemandem beachtet wurde. 1879 war es streng nationalistisch geprägt, obwohl es unter den Schrecken einer Hungersnot und der Gleichgültigkeit der englischen Guts-

herren weniger gelitten hatte als viele andere Dörfer des Bezirks. Das soll aber keineswegs heißen, daß die Dorfbewohner nicht arm gewesen wären – die meisten waren es. Aber von dem wirklich bitteren Leid, das in der Mitte des Jahrhunderts über das restliche Irland gekommen war, hatte Knock wenig mitbekommen.
Das Ereignis, das sich in Knock zutrug, ist selbst im Vergleich zu den anderen, die wir vorgestellt haben, außergewöhnlich. Es fand an einem Donnerstagabend, dem 21. August 1879, auf dem flachen Giebel der Dorfkirche statt. Angeblich trat es vor Einbruch der Dunkelheit ein und zog sich dann bis in die Nachtstunden hin. Fünfzehn Personen sollen Zeugen des Ereignisses gewesen sein, unter denen sich ein Elfjähriger, ein Acht- und ein Fünfjähriger befanden. Wie bereits erwähnt, habe ich die Augenzeugenberichte den Protokollen der »ersten Untersuchungskommission« entnommen, die von Dr. John McHale, dem Erzbischof von Tuam, Ende September 1879 eingesetzt wurde.
Die erste Zeugin der Erscheinung war Mary McLoughlin, die Haushälterin des Erzdiakons Cavanagh, des Dorfpfarrers von Knock (der sich ärgerlicherweise zunächst standhaft weigerte, den Ort der Vision aufzusuchen, später aus opportunistischen Erwägungen aber behauptete, er sei von der Echtheit der Erscheinung voll überzeugt). Man weiß das Alter der Frau nicht genau, aber wahrscheinlich war sie zu dieser Zeit ungefähr 45 Jahre alt. Gegen sieben Uhr am Abend, als es noch hell war, kam sie an der Kapelle vorbei.

Sie berichtete:
Als ich in kurzer Entfernung an der Kapelle vorbeiging, sah ich eine wundersame Gruppe seltsamer Gestalten oder Erscheinungen im Giebel, eine glich der heiligen Jungfrau Maria, eine dem heiligen Joseph, eine andere dem Bischof. Dann sah ich einen Altar.
Ich wunderte mich über diese eigenartige Versammlung. Trotzdem ging ich ohne etwas zu sagen weiter, weil ich

dachte, der Erzdiakon habe diese schönen Statuen, ohne mir etwas davon zu erzählen, von Dublin oder sonst wo erhalten und nun draußen stehen lassen. Über ihnen sah ich ein weißes Licht scheinen. Es kam mir alles komisch vor.

Ich finde es seltsam, daß die Haushälterin darauf zu Mary Beirne ging, bei der sie sich eine halbe Stunde lang aufhielt. Die beiden waren gerade auf dem Heimweg zum Haus des Erzdiakons, als Frau Beirne plötzlich ausrief: »Sieh da, diese schönen Gestalten.«
Mary McLoughlin schickte sie fort, um ihre Mutter, ihren Bruder, ihre Schwester und eine Nichte zu holen. Mary Beirne machte sich auf den Weg. In der Zwischenzeit beobachtete die Haushälterin den Ort des Geschehens, bis Mary Beirne mit der ersten Gruppe von Verwandten ankam und gleich wieder fortging, um die übrigen herbeizuholen. Mary McLoughlin beschrieb die Szene, die sie dann sah, wie folgt. Es ist klar, daß sie sich nach Einbruch der Dunkelheit auch vieles einbilden konnte:

Es war etwa viertel nach acht und schon ziemlich dunkel. Die Sonne war untergegangen und es regnete. Jetzt sah ich nicht nur die drei Gestalten, sondern etwas links von der Gestalt der Jungfrau Maria auch einen Altar. Links vom Bischof und über dem Altar sah ich ein etwa fünf Wochen altes Lamm. Hinter dem Lamm erschien das Kreuz. Es stand ein bißchen fort von dem Lamm – das Lamm stand davor, ohne das Holz des Kreuzes zu berühren. Um das Lamm herum leuchteten wie ein Heiligenschein goldene Sterne. Der Altar stand gerade unter dem Giebelfenster und etwas weiter rechts von den Gestalten, alles natürlich außen vor der Kirche von Knock.

Es ist natürlich klar, daß Mary Beirne die Verwandten, die sie herbeiholte, unterwegs schon darauf vorbereitete, was sie erwarten würde. Bei der Aufregung in diesem Moment kann dies nicht verwundern. Wenn wir von der Glaubwürdigkeit dieser Zeugen sprechen, die möglicherweise auf ein Wunder geistig schon eingestellt waren, müssen wir diesen Umstand im Auge behalten. Die Mutter Mary Beirnes gab der Kommission einen wertvollen Bericht:

Ich ging umgehend aus dem Haus und lief zu dem angegebenen Ort. Als ich dort ankam, konnte ich die drei Gestalten deutlich sehen. Ich lief sofort auf sie zu, um die Füße der heiligen Jungfrau, wie ich dachte, zu küssen, umarmte aber nur die Wand und wunderte mich, warum ich die Gestalten, die ich so klar und deutlich gesehen hatte, nicht mit den Händen fühlen konnte.
Die Gestalten standen bewegungslos da, wie Statuen. Sie waren in der Nähe des Kirchengiebels und schienen etwa einen halben Meter über dem Boden zu schweben. In der Mitte stand die heilige Jungfrau. Sie war weiß gekleidet und in etwas gehüllt, das wie ein einziges weißes Gewand aussah. Ihre Hände hielt sie leicht erhoben, etwa so wie der Priester bei der heiligen Messe. Ich konnte deutlich ihre Füße erkennen und küßte sie dreimal. Auf dem Kopf trug sie etwas, das wie eine Krone aussah. Ihre Augen waren in den Himmel gerichtet.
Zu diesem Zeitpunkt regnete es stark, nur dort nicht, wo die Figuren standen. Ich tastete gründlich den Boden mit den Händen ab – er war vollkommen trocken. Der Wind kam von Süden und blies genau in die Richtung des Kapellengiebels, aber auf den Teil des Giebels oder der Kapelle, wo die Gestalten standen, fiel kein Regen. Die Gestalten rührten sich nicht und gaben auch sonst kein Lebenszeichen von sich...

Bridget Trench war etwa 75 Jahre alt, als sie ihre Schilderung abgab, die wie ein echter Tatsachenbericht wirkt, geprägt vom spontanen Erlebnis. Die alte Frau sah angeb-

lich auch die beiden anderen Gestalten, aber das Lamm, das Kreuz und den Altar sah sie nicht. Wenn man ihren Bericht liest, fällt es schwer zu glauben, daß die Gestalten aus Fleisch und Blut waren.
Offensichtlich wurde die Erscheinung von den Beobachtern unterschiedlich wahrgenommen. Die Schilderung Mary Beirnes ist noch detaillierter. Sie beginnt ihren Bericht damit, daß sie die Gestalten vor dem Giebel habe »aufragen« sehen und daß es sich ihrer Meinung nach um »die heilige Jungfrau, den heiligen Joseph und den heiligen Johannes« gehandelt habe. Dann fährt sie fort:

Die Gestalt der heiligen Jungfrau war lebensgroß, die anderen Figuren waren nicht so groß oder nicht so hoch. Sie standen ein wenig von der Giebelwand entfernt und, soweit ich sehen konnte, einen halben bis einen Meter über dem Boden. Die heilige Jungfrau stand aufrecht, die Augen zum Himmel gerichtet. Ihre Hände hatte sie bis zur Schulter oder ein wenig höher erhoben und die Handflächen leicht zu den Schultern und zur Brust hin geöffnet. Sie trug einen weiten weißen Mantel, der in dicken Falten herabfiel, locker um ihre Schultern hing und am Hals geschlossen war. Auf dem Kopf trug sie eine Krone – eine richtige, große Krone –, die im Gegensatz zu dem Kleid oder Gewand der heiligen Jungfrau Maria ins Gelbe spielte. Die Gestalt des heiligen Joseph hielt ihren Kopf leicht geneigt, in Richtung der heiligen Jungfrau, als ob der Heilige ihr seine Verehrung bezeugen wolle. Er war schon älter, hatte einen grauen Bart und graues Haar.
Die dritte Gestalt schien mir Johannes den Evangelisten darzustellen. Ich bin mir da nicht sicher, ich vermutete das nur – außer daß ich in der Kapelle von Lekanvey bei Westport in der Grafschaft Mayo einmal eine Heiligenfigur sah, die dieser Gestalt sehr ähnlich war...
Auf dem Altar lag ein Lamm, das den Kopf in Richtung des heiligen Johannes gedreht hatte, also nach Westen. Ein

Kreuz oder Kruzifix sah ich nicht. Auf dem Lamm und um es herum sah ich goldene Sterne oder kleine, glänzende Lichter, die wie Pechkohle oder Glaskugeln glitzerten. Sie reflektierten wohl das Licht irgendeines leuchtenden Körpers. Ich blieb von viertel nach acht bis halb zehn. Es regnete die ganze Zeit.

Es ist bedauerlich und verwundert sehr, daß nur diese eine Gruppe von Verwandten und Freunden Mary Beirnes das Ereignis aus der Nähe verfolgte. Der einzige außenstehende, unabhängige Zeuge war ein fünfundsechzigjähriger Mann, der sich etwa 800 Meter von der Kirche entfernt aufhielt:

Ich heiße Patrick Walsh. Ich lebe in Ballinderrig, eine englische Meile von der Kapelle von Knock entfernt. Ich erinnere mich gut an diesen 21. August 1879. Es war eine sehr dunkle Nacht. Ich wollte noch etwas auf meinen Feldern erledigen und stand etwa eine halbe Meile von der Kapelle entfernt. Da sah ich ein sehr schönes Licht über dem südlichen Giebel der Kapelle. Ich glaubte, eine große, goldene Leuchtkugel zu sehen. Noch nie hatte ich ein so glänzendes Licht gesehen. Es umschwebte hoch in der Luft den Giebel und schien kreisrund zu sein. Es bewegte sich kaum und behielt die ganze Zeit über seinen Glanz. Am nächsten Tag fragte ich herum, ob in der Nacht sonst noch jemand irgendwelche Lichter an diesem Ort gesehen habe, und erst dann hörte ich von der Vision oder Erscheinung, die die Leute erlebt hatten.

Die Tatsache, daß sich die Nachricht von der Erscheinung nicht sofort wie ein Lauffeuer herumsprach, scheint mir eine Erklärung zu verlangen. Ein kleines, katholisches Dorf hätte doch sofort in höchsten Aufruhr geraten müssen, alles, was Beine hatte, hätte sich gedrängt, um das »Wunder« zu sehen. Innerhalb einer halben Stunde hätte

sich die Nachricht im Umkreis von einem Kilometer verbreitet und hätte Leuten wie Patrick Walsh zu Ohren kommen müssen. Ich würde erwarten, daß noch am selben Abend die Einwohner der benachbarten Dörfer herbeigeströmt wären, wenigstens um zu sehen, was eigentlich los war. Und wenn der Dorfpfarrer, Erzdiakon Cavanagh, der Geschichte seiner Haushälterin auch nur im mindesten geglaubt hätte, wäre er dann nicht sofort losgelaufen, um zu sehen, was vor seiner Kirche geschah?
Was auch immer die Erklärung dafür sein mag, auf alle Fälle geschah nichts dergleichen. Die Gruppe von Freunden und Verwandten stand bis weit in die Nacht hinein da und machte offensichtlich keinerlei Anstalten, ihre Erlebnisse weiterzuerzählen. Die Glaubwürdigkeit der Erscheinung von Knock wäre viel überzeugender und die anstehenden Fragen könnten einfacher beantwortet werden, wenn es auch außenstehende Beobachter gegeben hätte. Doch leider gab es keine. Da wir nur über die Schilderungen dieser einen Gruppe verfügen, müssen wir uns in der Hoffnung auf weitere Aufklärung auch an sie wenden: zunächst an Mary Beirnes Bruder Dominick, der zwischen 18 und 20 Jahre alt war und als erster beschreibt, wie die Erscheinung anfing:

Ich folgte Mary Beirne. Zu diesem Zeitpunkt hatten sich 10 bis 12 Personen an dem Ort versammelt, vor allem bei dem Graben oder Wall gegenüber des Giebels, wo die Erscheinung auftauchte, und südlich vom Schulhaus. Dann sah ich die drei Figuren oder Gestalten, die ja schon beschrieben wurden – die heilige Jungfrau, den heiligen Joseph und den heiligen Johannes, den meine Schwester für den Bischof hielt. Er stand da, als würde er beten, die Hände hatte er bis zur Schulter erhoben, die Zeige- und Mittelfinger hochgestellt... man konnte die Augen der Gestalten sehen. Sie waren wie Puppen, denn sie sprachen ja nicht.
Ich wunderte mich sehr über das, was ich sah. Ich war so

gerührt, daß mir die Tränen kamen. Ich blieb noch über eine Stunde und besuchte dann Frau Campbell, die im Sterben lag. Als wir zurückkehrten, war die Erscheinung verschwunden.

Die jüngere Schwester Dominicks, die zweiundzwanzigjährige Margaret, berichtete:

Kurz danach, gegen 8 Uhr, holte mich meine Nichte Catherine Murray ab. Wir wollten uns die heilige Jungfrau und die anderen Heiligen am Südgiebel der Kirche ansehen. Ich verließ das Haus und rannte hinauf, um zu sehen, was geschah. Ich erblickte die heilige Jungfrau mit einer schönen Krone auf dem Kopf und zu ihrer Rechten den heiligen Joseph, dessen Kopf zur heiligen Jungfrau geneigt war, und zu ihrer Linken, also östlich Johannes den Evangelisten, der in seiner linken Hand ein Gebetbuch hielt, während seine Rechte erhoben war, als ob er zu den Leuten, die vor ihm in dem Graben standen, predigen würde. Die heilige Jungfrau hatte ihre Hände wie zum Gebet emporgehoben. Die Augen hielt sie zum Himmel gerichtet und auf dem Kopf trug sie eine strahlende Krone. Ich sah auch einen Altar. Er war von einem schönen Licht umgeben, nein, von einem Licht, das manchmal blinkte, und so leuchteten auch die Gestalten, die von einem ähnlichen Licht umgeben waren.

Wenn man die bisher zitierten Berichte zusammennimmt, so beinhalten sie alle Grundzüge, die auch sonst die verschiedenen Zeugen in ihren Schilderungen erwähnen. Der sechsunddreißigjährige Dominick Beirne Senior und der elfjährige Patrick Hill behaupten, die Jungfrau hätte ein weißes Kleid getragen. Als man Hill 1897 noch einmal befragte, beschrieb er bis ins kleinste (wenn auch nicht ganz glaubwürdige) Detail eine Rose in der Krone Marias, die bloßen Füße des heiligen Johannes und die Engel mit

Flügeln, die über 90 Minuten umhergeflogen seien, ohne ihm ihre Gesichter zu zeigen! Der sechzehnjährige Patrick Beirne, dessen Bericht meist in der Ich-Form wiedergegeben wird, soll 1879 gesagt haben: »Ich blieb nur 10 Minuten stehen und ging dann wieder fort.« Sollte ein solches Verhalten für einen jungen Mann, der im Kreis enger Verwandter dem vermutlich wunderbarsten Ereignis seines Lebens beiwohnt, nicht völlig unglaubhaft sein?

Zwei Untersuchungskommissionen wurden gebildet: eine 1879 und eine zweite erst 1936. Vor der ersten erschienen 15 Zeugen, von denen aber 1936 nur noch zwei lebten: Mary Beirne (später O'Connell) und Patrick Beirne. Die erste Kommission, der auch der Dorfpfarrer von Knock angehörte, war anscheinend weder besonders kritisch noch allzu gründlich. Die zweite hat offenbar etwas ernsthafter gearbeitet. Im selben Jahr 1936 wurde auch die Stelle für medizinische Untersuchungen in Knock eingerichtet. Die zahlreichen Heilungen, die in Knock oder nach einem Besuch dort eintraten, haben den Wallfahrtsort berühmt gemacht. Viele Wunder, die sich vor dieser Zeit ereigneten, dürften kaum »echt« gewesen sein und können durch eine Reihe anderer Umstände erklärt werden.

Die Erscheinung von Knock hat sowohl bei Skeptikern als auch bei Gläubigen immer leidenschaftliche Reaktionen ausgelöst. Die typisch europäische, aggressive Untersuchungsmethode schließt meistens eine Befragung der Zeugen durch zivile Autoritäten ein, und wenn man auch mit den Kindern, die sich einer solchen Untersuchung unterziehen mußten, Mitleid hat, wäre es doch interessant zu wissen, was die Zeugen von Knock unter solchen Bedingungen ausgesagt hätten. Da aber in Knock diese Untersuchungsmethoden nicht angewendet wurden, waren die Ereignisse von Anfang an Gegenstand wilder Spekulationen.

Erst vier Monate nach der Vision schrieb auch die Presse über die Ereignisse, da sich vorher die kirchlichen Autoritäten dagegen gewehrt hatten. Trotzdem hatten sich die Nachrichten schon vorher in der ganzen katholischen Welt herumgesprochen. Kurz nach dem ersten Pressebericht will man in und um Knock verschiedene Formen von »Lichtphänomenen« gesehen haben. Dies kann man allerdings kaum ernst nehmen. In den meisten frühen Dokumentarberichten kommt zum Ausdruck, daß zunächst selbst die kirchlichen Autoritäten skeptisch waren. Trotzdem gibt es in den Berichten der »ersten Kommission« leider keinerlei Anzeichen für eine detaillierte Befragung der Zeugen oder für den Versuch, die Abweichungen und Unstimmigkeiten, die zwischen den einzelnen Schilderungen bestanden, aufzuklären. Gab es nun einen Altar, ein Lamm, ein Kreuz? Gab es glitzernde Sterne oder nicht? Auf der anderen Seite muß berücksichtigt werden, daß nicht jeder Seher dieselben Dinge wahrnimmt, wie wir schon im Fall von Lourdes und Pontmain herausfanden. Dies gilt auch für viele Fälle aus dem paranormalen und psychischen Bereich. Knock ist darin keine Ausnahme.

Viele Jahre galt die Erscheinung von Knock als eine Art »Einrichtung für die einfachen Leute«. Wenige Monate nach dem ersten Zeitungsartikel konnten die Wallfahrer, die in immer größerer Zahl herbeiströmten, kaum noch ein Bett im Dorf finden. Für die Übernachtung in einem Sessel bei irgendwelchen Dorfbewohnern mußte man eineinhalb Schillinge bezahlen, was 1879 noch viel Geld war. Es steht außer Frage, daß die Erscheinungen in kommerzieller Hinsicht gesehen viele neue Möglichkeiten und Vorteile für das Dorf mit sich brachten.

Dies gilt heute noch, auch wenn gewisse konservative Kräfte da anderer Meinung sind.

David Berman, Professor für Philosophie an der Universität Dublin, schrieb einen Artikel, der 1979 in *The Irish Times* erschien. In diesem Artikel werden vier mögliche Erklärungen für die Erscheinung von Knock am Abend des 21. August 1879 gegeben:

1. Die Jungfrau Maria erschien tatsächlich.
2. Es handelte sich um eine Massenhalluzination.
3. Es gab ein heimliches Einverständnis, bzw. eine Verschwörung unter den Zeugen.
4. Es fand irgendeine Täuschung statt.

Ich stimme mit Berman darin überein, daß Punkt (2) und (3) wohl nicht in Betracht kommen. Gegen eine Massenhalluzination spricht der Bericht von Patrick Walsh (vorausgesetzt, er ist wahr), der den Ereignissen aus einer Entfernung von einer halben Meile beiwohnte. Die offenkundigen Unstimmigkeiten in den Schilderungen der Zeugen vor der »ersten Kommission« sprechen entschieden gegen beide Punkte. Was den ersten Punkt betrifft, möchte ich mit meiner Meinung noch bis zum letzten Teil des Buches zurückhalten – denn schon Bermans Worte, »die Jungfrau Maria erschien tatsächlich«, werfen viele Fragen auf.

Beim vierten Punkt handelt es sich um eine Erklärung, die seit vielen Jahren ernsthaft in Betracht gezogen wird und die wir noch behandeln sollten, bevor wir bis zu dem eher esoterischen Wunder von Fatima kommen.

Mit »Täuschung« ist hier eine Täuschung *der* Zeugen, nicht *von seiten* der Zeugen gemeint. Dabei stehen zwei Möglichkeiten zur Auswahl, die seit dem Ereignis beide oft für plausibel gehalten, meistens aber wieder verworfen wurden. Die erste Erklärungsmöglichkeit scheint mir ziemlich unwahrscheinlich. Ihr zufolge soll ein unbekannter, hochbegabter Künstler lebensgroße und lebendig wirkende Gestalten auf die Außenwand der Kirche gemalt haben, ohne daß irgend jemand ihn bemerkt hätte. Aber damit nicht genug – das Gemälde soll auch in einer einzigen Farbe, nämlich einer einfachen phosphoreszierenden Leuchtfarbe ausgeführt *und* am nächsten Tag vor Einbruch der Dunkelheit wieder abgenommen worden sein. Das ist natürlich kein besonders überzeugender Erklärungsvorschlag. Die zweite Erklärung dagegen sollte ernst genommen werden. Sie basiert auf der möglichen Verwendung einer Laterna magica.

Man darf sicher annehmen, daß es 1879 in Irland eine Laterna magica gab, die Bilder von der Größe und Schönheit in Knock hervorgebracht haben könnte. Nach heutigen Anzeigen zu schließen, müssen Statuen und Standbilder der ideale Gegenstand für eine solche Erfindung gewesen sein. Bilder von Statuen, die mittels einer Laterna magica an eine Wand projiziert werden, können in der Tat sehr lebendig aussehen. Einige gewichtige Argumente sprechen allerdings gegen diese Hypothese. So gab es in der Nähe der Kapelle kein Gebäude, das für eine Laterna magica und den Techniker ein geeignetes Versteck gewesen wäre. Außerdem könnte ich mir vorstellen, daß die versammelten Personen, die zwischen der Lichtquelle und der Wand standen, Schatten auf den Giebel geworfen hätten. Davon berichtet aber keiner der Zeugen. Außerdem verfügten die Zeugen vermutlich über eine normale Intelligenz.

Sollten sie da nicht in der Lage gewesen sein, eine Täuschung aufzudecken, falls es eine war?

In dem Artikel der *Irish Times* führt Berman eine Reihe wichtiger Punkte an, die die Erklärungsmöglichkeit der Laterna magica plausibel erscheinen lassen. Er nimmt dabei besonders auf die mit der Dunkelheit zunehmende Leuchtkraft der Bilder Bezug. Weitere Punkte sind u. a.:

1. Die Figuren bewegten sich nicht.
2. Sie machten den Eindruck von Statuen.
3. Man konnte sie nicht berühren.
4. Die Figuren erschienen an der flachen Giebelwand, 30 bis 60 cm über dem Boden.
5. Die Gestalten stellten Themen dar, die in der christlichen Ikonographie weit verbreitet sind.
6. Die Figuren waren von Licht umgeben.

Alle diese Argumente sind wichtig, und zusammengenommen überzeugen sie. Es würde schwer sein, die Erklärung abzulehnen, wenn nicht ein Unterschlupf für den Schwindler und seine Ausrüstung fehlen würde.
Trotzdem liegen die Dinge nicht ganz einfach. Zuzeiten kursierte das Gerücht, daß ein Polizist des Dorfes die Laterna magica bedient habe. Dieser Vermutung wurde nie gründlich nachgegangen. Außerdem stimmen die Fakten nicht bis ins Detail überein, was mindestens darauf hindeutet, daß die Wahrnehmungsfähigkeit der Zeugen gestört sein mußte. Letztlich haben wir als Beweis nur die Augenzeugenberichte, die bereits zitiert wurden, und auf die sich jede Beurteilung des Geschehens stützen muß.
Die katholische Autorin Mary Purcell nennt in ihrer vorsichtigen, aber zweifellos positiven Schilderung in *A Woman Clothed with the Sun*[9] (Die sonnenumhüllte Frau) die heilige Jungfrau von Knock »die Dame des Schweigens« und schreibt:

Gerade die Stille, in der sich die Erscheinung vollzog, sollte uns veranlassen, über den Symbolwert des Altars mit dem Lamm und dem Kreuz, der Haltung und des Benehmens der drei Figuren nachzudenken... Wenn man über Knock spricht, dürfte es hilfreich sein, daran zu erinnern, daß Botschaften auch ohne die Hilfe des gesprochenen oder geschriebenen Wortes übermittelt werden können. Die Geste einer Mutter, ihr Blick, ihr Verhalten, ja gerade ihr Schweigen können einem aufmerksamen Kind viel sagen. In Knock lehrte uns die heilige Muttergottes, in Ehrfurcht, still und versunken zu beten.

Das zentrale Problem bei der Bewertung von Knock ist tatsächlich der Umstand, daß die Erscheinung weder sprach noch sich bewegte. Jede Identifizierung hing deshalb von der Bildung und Erfahrung der Zeugen ab. Die Erscheinung selbst erlaubt keine Rückschlüsse. Wenn es nicht die zahlreichen Heilungen und Bekehrungen gegeben hätte, wäre Knock wohl nicht zu seinem heutigen Ruhm gelangt. Ebensowenig wäre das Dorf und die umliegende Gegend unter dem »Segen« kommerziellen und taktischen Spürsinns zu seiner jetzigen Größe aufgeblüht. Bei Knock tritt mehr als in jedem anderen Fall das Problem der Trennung zwischen dem tatsächlichen Ereignis und der Legende in den Vordergrund.

6

Fatima, Portugal, 1915, 1916 und 1917

»Wirst du uns drei bald in den Himmel holen?«

Bis ich die Ereignisse von Fatima nicht wirklich gründlich zu untersuchen begann, hatte ich geglaubt, daß die Dinge, wenn nicht gerade einfach, so doch wenigstens übersichtlich lägen. Eine Serie von Visionen, die wie schon im Falle von Lourdes die Analyse etwas komplizierter und schwerer gemacht hätten, wäre ja noch angegangen. Bei Beauraing werden wir auf ähnliche Probleme stoßen, und Garabandal könnte mit seiner Unmenge von Details den durchschnittlichen Leser geradezu entmutigen. Aber im Fall von Fatima brauchen wir nur sechs Visionen zu behandeln und das Luftphänomen, das als »Sonnentanz« bekannt wurde. Natürlich hatte ich auch von den angeblichen Prophezeiungen der Jungfrau Maria gehört, aber alles in allem glaubte ich es mit einem Fall zu tun zu haben, der wie ein Stück Geschichte leicht erzählt werden könne, zumal ich annehmen durfte, daß seine Glaubwürdigkeit grundsätzlich feststand.

Dieser erste Eindruck wurde noch durch die Tatsache bestärkt, daß Fatima, von Lourdes einmal abgesehen, die von Päpsten und geistlichen Würdenträgern am meisten besuchte Marienverehrungsstätte ist. Die konservativsten Kreise der katholischen Kirche bestätigen die Echtheit der Visionen und die Bedeutung der Botschaften. Für den Großteil der Durchschnittskatholiken zeigt sich im »Sonnenwunder« die Gewalt des allmächtigen Gottes und die Bereitschaft der Gottesmutter, den Menschen beizustehen. Aber der Fall Fatima hat sich für mich alles andere als einfach oder übersichtlich herausgestellt. Bei keiner der Untersuchungen, die ich in den letzten 10 Jahren durchgeführt habe, stieß ich auf eine solche Menge sich widersprechender Berichte zu ein und demselben Ereignis. Ein Teil des Problems liegt darin, daß bis zum Ende des Zweiten Weltkrieges sehr wenig über Fatima geschrieben wurde – die meisten katholischen Stellungnahmen wurden sogar erst nach 1950 abgegeben. Nach 30 Jahren über ein Ereignis zu schreiben, ist natürlich nicht der ideale Zeitpunkt. Außerdem geriet viel Originalmaterial, das zur Zeit der Vision herauskam, später mit den Memoiren von Lucia Santos durcheinander, die erst 1942 veröffentlicht wurden. Davon soll aber jetzt nicht die Rede sein. Die größte Schwierigkeit ist ein Problem, das bei einer ganzen Reihe von Fällen auftaucht, hier aber besonderes Gewicht bekommt. Um es kurz zu machen, das zentrale Problem bei Fatima ist der Umstand, daß nur drei Kinder – oft sogar nur eines dieser drei – die Jungfrau Maria sahen oder hörten, was sie sagte. Außer für das Lichtphänomen und das »Sonnenwunder« müssen wir uns in allem auf das Zeugnis von drei kleinen Kindern verlassen, die damals wohl die aufregendste und außergewöhnlichste Zeit ihres Lebens durchmachten.

Klein waren die Kinder auf alle Fälle. Lucia Santos, die immer die Anführerin der Gruppe war und später das Verhalten ganzer Menschenmassen lenkte, wurde am 22. März 1907 geboren. Man hielt sie für ein ziemlich abstoßendes Kind. Dabei war sie intelligent, gesprächig und aufgeweckt. Die anderen beiden Kinder waren ihr Vetter Francisco und ihre Kusine Jacinta Marto. Francisco, der am 11. Juni 1908 geboren wurde, war ein warmherziger und angenehmer Junge, wenn auch nicht gerade hübsch. Jacinta wurde am 11. März 1910 geboren. Sie war hübsch und sensibel. Sie schien sich zeitenweise vor den Menschenmengen, die sich bei den späteren Visionen versammelten, zu fürchten. Alle drei Kinder kamen aus armem, aber rechtschaffenem Elternhaus und waren streng katholisch erzogen. Alle drei mußten die Schafe ihrer Familien hüten.

Wie schon erwähnt ist es schwierig, auch nur zwei Berichte

Die Seher von Fatima: Jacinta, Francisco und Lucia

über die Visionen vom Mai und Juni 1917 zu finden, die bis ins Detail miteinander übereinstimmen. Jedenfalls war es am 13. Mai 1917 gegen Mittag, als die erste Vision stattfand. Die Kinder hüteten gerade auf einem Stück Land, das Lucias Eltern gehörte und in der Nähe der Cova da Iria, einem natürlichen, etwa 500 Meter breiten Amphitheater lag, ihre Schafe. Die Kinder sollen eben gegessen und zusammen den Rosenkranz gebetet haben, wozu sie vermutlich niedergekniet waren. Plötzlich, so heißt es, hätten sie einen oder mehrere Blitze gesehen und eine strahlend weiße Jungfrau sei ihnen erschienen, die zwischen den Ästen einer Korkeiche oder gar wie sie auf einem Farnkraut stand! Die verschiedenen Berichte über die Visionen widersprechen sich, und es ist unmöglich, daß alle recht haben. In einigen wird behauptet, Francisco habe etwas gesehen, aber nichts gehört. Andere berichten, er habe etwas gehört, aber nichts gesehen. Auch bei Jacinta gibt es Unstimmigkeiten. Darüber, was sich ereignete, berichtete nur Lucia, und es bleibt nichts anderes übrig, als uns auf ihre Schilderung zu verlassen. Von den Gefühlen und Eindrücken der anderen Kinder wissen wir nichts, aber da sie bestimmt schon zu diesem Zeitpunkt mit dem Geschehen in Berührung kamen, muß bereits hier die Grundlage für ihre späteren Handlungen gelegt worden sein.

Lucia hörte, wie das »Mädchen«, so beschrieb sie die Erscheinung zunächst, sagte: »Ich komme vom Himmel« und »Ich bin gekommen, um euch zu bitten, euch sechsmal hintereinander am dreizehnten jedes Monats, stets zur gleichen Zeit, hier einzufinden. Im Oktober werde ich euch sagen, wer ich bin und was ich will.«

Die Nachricht von der Erscheinung verbreitete sich in Windeseile. Als die Kinder am 13. Juni wieder zur Cova gingen, wurden sie von etwa 60 Personen begleitet. Lucia soll dort die Initiative ergriffen haben. Die drei beteten gerade den Rosenkranz, als sie plötzlich rief: »Die Jungfrau kommt.« Daraufhin liefen die Kinder zu der Korkeiche, wo sie beim letzten Mal die Erscheinung gesehen hatten. Alles, was die Außenstehenden bemerkten, war nur, daß in dem Moment, als Lucia sagte, die Jungfrau würde fortgehen, sich die Äste der Eiche bewegten, als ob das Kleid der Jungfrau sie gestreift hätte. Das Zwiegespräch mit der heiligen Jungfrau wurde von Lucia gleich nach der Erscheinung wiedergegeben:

Lucia: Du hast mich gebeten, an diesen Ort zurückzukehren, liebe Jungfrau. Was soll ich tun?

Die Vision: Ich möchte, daß du schreiben lernst, damit ich dir mitteilen kann, was ich will.

Lucia bat um die Heilung eines Kranken, den ihr eine Nachbarin ihrer Mutter anempfohlen hatte.

Die Vision: Wenn er sich bekehrt, wird er in einem Jahr wieder gesund sein.
Lucia: Wirst du uns drei bald in den Himmel holen?

Auf diese Frage wurde das erste der sogenannten »Geheimnisse von Fatima« zur Antwort gegeben:

Die Vision: Ja, ich werde bald Jacinta und Francisco zu mir holen. Aber du mußt länger auf Erden bleiben. Jesus möchte, daß du die Menschen anleitest, mich zu kennen und zu lieben. Auf daß sich überall in der Welt Verehrung für mein unbeflecktes Herz ausbreite.

Die Jungfrau äußerte sich ziemlich präzise, vorausgesetzt, daß die Prophezeiung tatsächlich vor dem Ereignis stattfand. Das aber ist aus heutiger Sicht nur sehr schwer festzustellen. Francisco starb mit zehn Jahren am 4. April 1919, dem Tag nach seiner Erstkommunion, als Opfer einer Grippeepidemie, die nach dem Ersten Weltkrieg grassierte. Jacinta starb am 20. Februar 1920 an einer Rippenfellentzündung, die die Folge einer vorausgegangenen Grippe war. Sie war erst neun Jahre alt. Hier wird noch einmal deutlich, wie jung die beiden Kinder zur Zeit der Visionen waren.
Noch vor der dritten Vision am 13. Juli wurde ein kleiner Zaun mit einem Törchen um die Korkeiche gezogen, die für manche nun schon ein Anbetungsort geworden war. Man hatte Lucia aber auch beargwöhnt und sie eine Lügnerin und Verbündete des Teufels genannt. Sie und ihre Familie hatten kein einfaches Leben. 5000 Personen waren

versammelt und beobachteten Lucia, als sie wieder mitten im Gebet innehielt und laut zu rufen begann. Wieder folgten die anderen beiden ihrem Beispiel, und obwohl man hörte, wie auch Jacinta die Erscheinung zu sprechen bat, fand das Gespräch auch diesmal nur mit Lucia statt, die für Freunde und Nachbarn um Wohltaten und Wunder bat. Die wichtigsten Sätze hat Lucia später wiederholt:

Lucia: Wer bist du? Willst du mir deinen Namen sagen und ein Wunder tun, damit mir jedermann glaubt?
Die Vision: Komme weiterhin jeden Monat hierher. Im Oktober werde ich dir sagen, wer ich bin und was ich will. Im Oktober werde ich ein großes Wunder tun, damit jeder dir glaubt.

Lucia berichtete auch von einer schrecklichen Höllenvision und einer Reihe von Prophezeiungen, die Rußland und das Ende des Krieges betrafen. Aber da keine dieser Prophezeiungen vor 1942 bekannt wurde, steht ihr natürlich nur geringe Glaubwürdigkeit zu. Einige Beobachter berichteten, sie hätten die Kinder in einer weißen Wolke gesehen und die Sonne sei blasser geworden, als die Jungfrau verschwand.

Am 13. August warteten etwa 20 000 Personen vor der Cova auf die Kinder, aber die waren vom Unterpräfekten des Bezirks gewaltsam in die Nachbarstadt Ourem gebracht worden. Dort hielt er sie bis zum Fünfzehnten des Monats fest und befragte sie abwechselnd auf dem Bürgermeisteramt und im Gefängnis. Während der Abwesenheit der Kinder fand keine Erscheinung der heiligen Jungfrau statt, aber es gab Berichte, wonach einige Personen zu dem Zeitpunkt, an dem früher die Visionen erfolgt waren, Lichtblitze am Himmel gesehen, Donner gehört und eine kleine Wolke sich über dem Baum zusammenballen gesehen haben, die etwa 10 Minuten dort blieb. Leider sah nur eine kleine Zahl von Leuten überhaupt etwas. Als Ersatz für den 13. August hatten die Kinder am 19. des Monats eine Erscheinung im benachbarten Valinhos. Lucia behauptete, sie habe als Ankündigung einen Lichtblitz gesehen, und schickte einen gewissen Joao, einen Jungen, der noch nie etwas gesehen hatte, fort, um Jacinta herbeizuholen. Die heilige Jungfrau forderte diesmal den Bau einer Kapelle und sagte zu dem Verhör der Kinder: »Dem Unglauben der Freidenker habt ihr es zu danken, wenn das für Oktober versprochene Wunder kleiner ausfällt. Aber ihr müßt am Dreizehnten der nächsten beiden Monate zur Cova da Iria kommen. Wollt ihr mir das noch einmal versprechen?« Die Kinder schnitten den Ast der Korkeiche, auf dem die Jungfrau gestanden hatte, ab und nahmen ihn mit nach Hause. Er soll nach himmlischen Düften gerochen haben.

Mit der fünften Erscheinung am 13. September 1917, als 25 000 bis 30 000 Menschen bei der Cova versammelt waren, bekommt das Ereignis von Fatima eine zusätzliche Variante. Neben der Vision der heiligen Jungfrau erlebten nun außer den Kindern auch andere Anwesende UFO-artige Phänomene. Viele der Versammelten sahen gar nichts, aber unter denen, die etwas wahrnahmen, war Pater Joao Quaresma, der spätere Obervikar von Leiria, eben der Diözese, zu der auch Fatima gehörte:

Zu meiner größten Verwunderung... sah ich klar und deutlich eine leuchtende Kugel von Osten kommen und sich westwärts bewegen. Langsam und majestätisch glitt sie durch die Luft. Mit der Hand stieß ich Monsignore Gois an, der neben mir stand. Er hatte sich vorher über mich lustig gemacht, weil ich zur Cova gehen wollte. Als er zum Himmel blickte, hatte auch er das große Glück, diese unerwartete Erscheinung zu sehen.

Plötzlich verschwand diese Kugel, während sie ein seltsames Licht ausstrahlte, aus meinem Blickfeld. Auch Monsignore Gois sah sie jetzt nicht mehr. Neben uns stand jedoch ein kleines Mädchen, ungefähr so alt wie Lucia und genauso gekleidet wie sie, das immer noch fröhlich ausrief: »Ich seh' es, ich seh' es! Jetzt senkt es sich zum Fuße des Hügels herab.«

Es handelte sich in der Tat um eine leuchtende Kugel, die nach Angaben der Zuschauer, die sie wahrnahmen, eine ovale Form hatte, dessen »breitere Stelle nach unten zeigte – eine Art himmlisches Fluggefährt«.
Über die Erscheinung selbst war diesmal weniger die Rede. Lucia und die Jungfrau sprachen mehr über den Bau einer Kapelle, und Lucia berichtete, die Jungfrau hätte versprochen, im Oktober mit dem heiligen Joseph und dem Jesuskind wiederzukommen. Als sie davonging, regnete es von irgendwoher Blumen, oder mindestens Blumenblätter, ein Phänomen, das in verschiedenen UFO-Berichten erwähnt wird. Auch diesmal war es nur Lucia gewesen, die die Initiative ergriff und später von den Erlebnissen berichtete.
Das Wunder vom 13. Oktober war lange angekündigt. Man hatte es herbeigesehnt und dafür gebetet. 70 000 Menschen waren an diesem Tag in dem weitläufigen Natur-Amphitheater um die Korkeiche in der Cova versammelt und warteten voller Spannung. Es ist jedoch unwahrscheinlich, daß irgendeiner der Anwesenden das Ereignis, so wie es stattfand, vorhersah. Viele nahmen gar nichts Besonderes wahr.
Das, was sich am 13. Oktober 1917 in Fatima zutrug, gilt allgemein als das wundersamste Geschehnis des 20. Jahrhunderts. Es beinhaltet eine ganze Reihe außergewöhnlicher Phänomene, die nie erklärt werden konnten. Da man es eilig hatte, dem sogenannten »Sonnenwunder« nachzugehen, wurde die Marienerscheinung dieses Tages leider weitgehend vernachlässigt.
Die drei Kinder hatten Schwierigkeiten, sich durch die Zuschauermenge zur Korkeiche durchzukämpfen, und Jacinta verlor völlig die Nerven. Irgendwie schafften sie es

dann aber doch, sich durch den Wald von Regenschirmen (es goß in Strömen) einen Weg zu bahnen. Lucia befahl, man möge die Regenschirme zuklappen. Genau um Mittag sagte sie, sie habe den Blitz gesehen und darauf die Vision erlebt. Ein paar Worte wurden gewechselt, und die heilige Jungfrau schloß mit der Bemerkung: »Die Menschen müssen ihre Fehler wiedergutmachen und um Vergebung ihrer Sünden bitten, damit sie unseren Herrn, der schon genug beleidigt wurde, nicht noch mehr beleidigen.« Daraufhin verabschiedete sie sich von den Kindern, und als sie davonging, sah Lucia (und vielleicht auch die beiden anderen Kinder, wie in manchen Berichten behauptet wird) neben der Sonne am Himmel die ganze Heilige Familie. Deswegen rief sie aus: »Schaut zur Sonne«, was die Menge auch tat.
Es gibt eine ganze Menge seltsamer Schilderungen der Ereignisse, die dann passierten, und es ist schlicht unmöglich, aus der Unmenge überlieferter Erzählungen die Tatsachen herauszufiltrieren. Meiner Meinung nach sollte man nicht grundsätzlich bestreiten, daß an diesem Tag etwas ganz Außergewöhnliches stattfand. Auf der anderen Seite gibt es aber viele Einwände gegen die einfache Schlußfolgerung, es habe sich ein Wunder Gottes ereignet.
Erstens waren viele Leute von der Presse, Journalisten und Fotografen, bei der Cova. Es gibt viele Aufnahmen von der Menge, die die Vision erlebte. Aber obwohl genug Kameras vorhanden waren, gibt es keine einzige auch nur im geringsten glaubhafte Fotografie von der Erscheinung selbst. Das Bild, das man meistens zeigt, wurde noch vor 1917 von einer Sonnenfinsternis in einem ganz anderen Teil der Welt gemacht. Was taten die Fotografen? Wie konnten sie sich eine solche Sensation entgehen lassen?
Zweitens steht fest, daß nur ein Teil der Zuschauer, vermutlich weniger als die Hälfte, das Wunder überhaupt

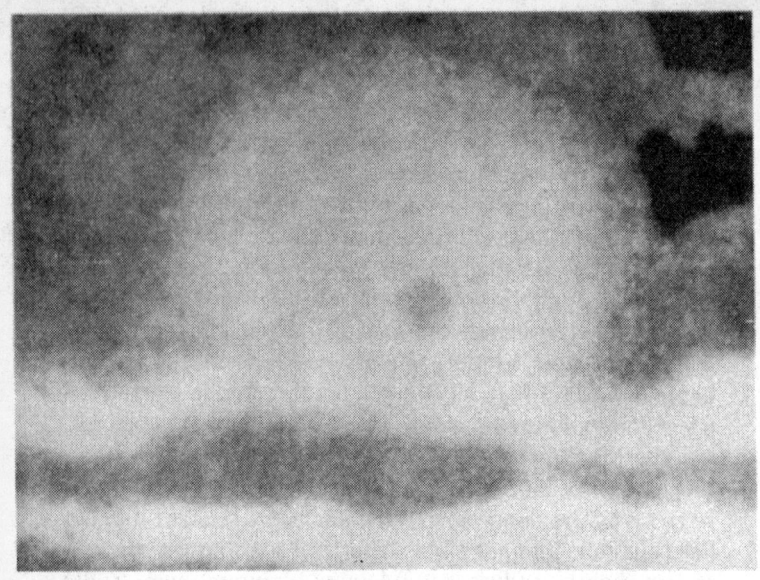

Fotografie, die oft als Darstellung des Sonnenwunders von Fatima ausgegeben wird*

wahrnahm. Die Darstellung, daß nur die Personen, die in einem breiten Streifen mitten in der Cova standen, die Vision gesehen hätten, könnte zutreffen. Aber die Wahrheit läßt sich heute nicht mehr herausfinden.

Drittens sind die Berichte über das Wunder, über den »Sonnentanz« einfach zu konfus. Es wäre vorstellbar, daß sich Wahrnehmung und Erinnerung angesichts eines derart seltsamen Ereignisses nicht mehr voneinander trennen ließen. Aber die Widersprüche in den Schilderungen lassen natürlich Zweifel aufkommen, was nun wirklich objektiv geschah.

Eines ist sicher – die Sonne bewegte sich an diesem Tag nicht und es fand auch sonst kein solares Phänomen statt, das die Eindrücke der Leute erklären könnte. Kein Observatorium der Welt und kein anderes Institut, das Himmelsbeobachtungen anstellte, registrierte auch nur die geringste Anormalität. Es gab keine geophysischen Folgen, keine Veränderung der Gezeiten. Was das gesichtete Objekt auch gewesen sein mag, es scheint nur zu dem Zweck aufgetaucht zu sein, die Menschen bei der Cova da Iria und ein paar Beobachter, die etwas davon entfernt waren, zu beeindrucken. Es war wohl nicht von fester oder substantieller Beschaffenheit. Man sollte sicherheitshalber eher sagen »etwas geschah« als »etwas war wirklich so«.

In gewisser Weise gehören die Erzählungen über das »Sonnenwunder« gar nicht in dieses Buch: sie sind keine Marienerscheinungen und der Bezug zwischen den beiden Ereignissen in Fatima ist keineswegs eindeutig festgestellt. Trotzdem stellt dieses Phänomen, bzw. die Reihe von berichteten Phänomenen, das einzige äußere, objektive Beweisstück für ein übernatürliches Ereignis dar, das man mit einer Vision in Verbindung bringen kann. Fatima ist der einzige Fall, wo eine große Ansammlung Erwachsener, die auf eine Erscheinung warteten, ein Erlebnis hatte, das in Zusammenhang steht mit dem der eigentlichen Seher, der Kinder. Darum ist es ein wichtiger Bestandteil unserer Beweisführung im allgemeinen.

Es gibt erstaunlich wenige Berichte über das Sonnenereignis in Fatima, die den Leser überzeugen. Die meisten von ihnen findet man nur selten abgedruckt. Die früheste Sammlung, die ich finden konnte, ist in dem amerikanischen Buch *Fatima: die Fakten* von John De Marchi[18] enthalten, das aus dem Portugiesischen ins Englische übersetzt und 1950 veröffentlicht wurde. Wir haben hier nicht den Platz, ausführlich aus den Berichten dieses Buches zu zitieren, aber ich möchte wenigstens einige ausgewählte Beispiele von zuverlässig scheinenden Augenzeugenberichten über den 13. Oktober 1917 anführen.

Zunächst aus den zwei größten Tageszeitungen Lissabons. *O Dia* berichtet:

Um ein Uhr nachmittags, genau Mittag nach der Sonnenzeit, hörte es auf zu regnen. Der perlgraue Himmel warf ein seltsames Licht auf die weite, karge Landschaft. Die Sonne umhing ein durchscheinender Gazeschleier, so daß man die Augen leicht auf sie richten konnte. Das graue Perlmutt verwandelte sich in eine Silberschicht, die aufbrach, als die Wolken weggefegt wurden und die silbrige Sonne, in das gleiche, gazeartige Grau gehüllt, im Kreis zerstiebender Wolken zu rasen und sich zu drehen begann. Aus aller Munde kam ein Schrei, und die Leute warfen sich im Schlamm auf die Knie. Das Licht verwandelte sich in ein wundervolles Blau, als scheine es durch die buntverglasten Fenster einer Kathedrale, und überflutete die Menschen, die mit ausgestreckten Händen niederknieten. Langsam verblaßte das Blau, dann schien das Licht durch gelbes Glas zu dringen. Gelbe Flecken fielen auf weiße Handschuhe, auf die schwarzen Röcke der Frauen. Sie tanzten in den Bäumen, auf den Steinen und der *serra*. Die Menschen weinten und beteten mit entblößten Köpfen bei diesem Wunder, auf das sie gewartet hatten. Sekunden wurden zu Stunden, so stark waren die Eindrücke.

In *O Seculo* berichtet ein gewisser Avelino de Almeida folgendes:

Von der Straße aus, wo die Kutschen abgestellt waren und Hunderte von Menschen, die es nicht mit dem Schlamm hatten aufnehmen wollen, sich drängten, konnte man sehen, wie sich die gewaltige Zuschauermasse zur Sonne streckte, die wolkenlos im Zenit stand. Sie sah aus wie eine stumpfe Silberplakette, und man konnte ohne Schmerzen die Augen zu ihr wenden. Es hätte eine Sonnenfinsternis sein können, die gerade eingetreten war. Aber in diesem Moment löste sich ein Schrei, und man hörte die Zuschauer, die am nächsten standen, rufen: »Ein Wunder! Ein Wunder!«

Vor den Augen der erstaunten Menge, die einen biblischen Anblick bot, wie sie so barhäuptig dastand und den Himmel mit Blicken absuchte, begann die Sonne zu zittern und vollführte dann unglaubliche Bewegungen, die alle kosmischen Gesetze durchbrachen – die Sonne »tanzt«, hieß es überall unter den Leuten... Dann begann man sich gegenseitig zu fragen, was man gesehen habe. Die meisten sagten, das Zittern und den Tanz der Sonne gesehen zu haben. Andere behaupteten, das Antlitz der heiligen Jungfrau erblickt zu haben. Wieder andere schworen, die Sonne habe sich um sich selbst gedreht wie ein gigantischer Kreisel und sich dann auf die Erde zubewegt, als wolle sie diese mit ihren Strahlen verbrennen. Manche gaben an, die Sonne habe öfters ihre Farbe gewechselt.

Dr. Almeida Garrett, der als der »bekannte Professor von Coimbra« bezeichnet wird, schrieb einem interessierten Kollegen über das Ereignis:

Es muß fast zwei Uhr nach der offiziellen Zeit und Mittag nach dem Stand der Sonne gewesen sein. Die Sonne war kurz zuvor durch eine dicke Wolkenschicht gebrochen, die sie bis dahin verdeckt hatte, und schien jetzt hell und klar. Ich blickte in die Richtung des Magneten, der alle Augen auf sich zu ziehen schien, und sah eine Scheibe mit einem scharfen Rand, die hell und leuchtend war, ohne den Augen zu schmerzen. Ich stimme dem Vergleich, der in Fatima gezogen wurde, nicht zu – dem Vergleich mit einer Scheibe aus stumpfem Silber. Es war von einer helleren, schöneren Farbe, die etwas vom Glanz einer Perle hatte. Es sah nicht im geringsten dem Mond in einer klaren Nacht ähnlich, denn man glaubte, es mit einem lebendigen Körper zu tun zu haben. Es war nicht sphärisch wie der Mond und hatte auch nicht dessen Farbe, Ton oder Schattierung. Es sah eher wie eine Scheibe aus poliertem Perlmutt aus. Ebensowenig konnte man es mit der Sonne, wenn man sie

durch einen Nebelstreifen sieht, verwechseln (denn es gab zu diesem Zeitpunkt keinen Nebel), weil es weder undurchsichtig, noch verschwommen oder verschleiert war. In Fatima spendete es Licht und Wärme und hatte einen scharf umrissenen, deutlich sichtbaren Rand.
Der Himmel war mit dünnen Zirruswolken bedeckt, durch die hier und da das Blau durchbrach. Manchmal stand die Sonne jedoch inmitten ganz wolkenloser Stellen. Die Wolken zogen von West nach Ost, ohne die Sonne zu verdunkeln. Es war, als ob sie hinter der Sonne vorbeizögen, obwohl diese weißen Flecken manchmal rosa oder blaßblaue Töne annahmen, als sie an der Sonne vorbeizogen.
Es ist bemerkenswert, daß man in dieses »Kohlebecken« voll Hitze und Helligkeit blicken konnte, ohne Schmerzen in den Augen, ohne eine Blendung der Retina zu verspüren. Das Phänomen muß bis auf zwei Unterbrechungen, während der die Sonne Strahlen glänzender Hitze auszusenden schien, die uns zwangen, wegzuschauen, etwa 10 Minuten gedauert haben.
Die Sonnenscheibe blieb nicht unbeweglich. Das war nicht das Funkeln eines Himmelskörpers, denn es begann in wilden Drehungen um sich selbst zu kreisen. Dann hörte man plötzlich ein Klagen, einen Angstschrei, der aus allen Menschen hervorbrach. Die Sonne schien sich wild kreisend vom Firmament zu lösen und drohte auf die Erde niederzufahren, als wolle sie sich mit ihrem ganzen Gewicht auf sie stürzen. Das Gefühl in diesem Augenblick war entsetzlich.
Während des solaren Phänomens, das ich gerade im Detail beschrieben habe, traten Farbveränderungen in der Luft auf. Wie ich zur Sonne blickte, bemerkte ich, daß alles um mich her dunkel wurde. Ich schaute zuerst die nächstliegenden Gegenstände an und ließ meinen Blick dann weiter übers Land bis zum Horizont wandern. Alles hatte die Farbe eines Amethysten angenommen. Die Dinge um mich her, der Himmel und die Luft, alles hatte dieselbe Farbe.

Ein Eichenbaum in der Nähe warf einen Schatten dieser Farbe auf die Erde.
Weil ich fürchtete, meine Retina habe Schaden genommen, was sehr unwahrscheinlich war, da ich in diesem Fall die Dinge nicht lilafarben gesehen hätte, drehte ich mich weg, schloß die Augen und hielt die Hände vor mein Gesicht, um kein Licht durchdringen zu lassen. Mit dem Rükken zur Sonne öffnete ich dann wieder meine Augen und sah die Landschaft immer noch in derselben Farbe wie vorher.
Ich hatte nicht den Eindruck, daß es sich um eine Sonnenfinsternis handelte. Während ich zur Sonne blickte, merkte ich, daß die Luft klar geworden war. Kurz darauf hörte ich einen Zuschauer in meiner Nähe sagen: »Schau, die Dame da ist ja ganz gelb!«
Und tatsächlich hatte sich nah und fern alles geändert und die Farbe von altem, gelbem Damast angenommen. Die Menschen sahen aus, als würden sie an Gelbsucht leiden. Ich erinnere mich, daß ich irgendwie amüsiert war, sie so häßlich und abstoßend zu sehen. Meine eigene Hand hatte dieselbe Farbe. Alle Phänomene, die ich beschrieben habe, habe ich in Ruhe und Heiterkeit wahrgenommen, ohne innere Aufregung. Jetzt liegt es an anderen, sie zu interpretieren und zu erklären.

Der oben zitierte Bericht ist wohl der gewissenhafteste, den man finden kann, und wird in gekürzter Form immer wieder abgedruckt. Die folgenden drei kurzen Abschnitte, die unsere Berichte über das Sonnenwunder abrunden sollen, wurden seit 1917 nur selten erwähnt. Der erste stammt von Dr. Domingos Pinto Coelho und wurde von der Zeitung *Ordem* veröffentlicht:

Die Sonne, bald von scharlachroten Flammen umgeben, bald mit einem Hof in Gelb und tiefem Lila, schien sich in einer rasend schnellen und kreiselnden Bewegung zu drehen. Manchmal sah es aus, als löse sie sich vom Himmel und nähere sich der Erde. Dabei strahlte sie starke Hitze aus.

Der Priester Manuel Pereira da Silva schrieb einem Freund in der Nacht nach dem Ereignis in einem Brief:

Die Sonne hatte scharfe Konturen. Sie senkte sich bis auf die Höhe der Wolken herab und begann, wild um sich selbst zu kreisen wie ein feuriger Fesselballon. Mit einigen Unterbrechungen dauerte dies etwa 8 Minuten an. Es wurde dunkler und alle Menschen färbten sich gelb. Alle knieten nieder, sogar in den Schlamm...

Zum Schluß der Auszug eines Briefes von Dona Maria do Carmo da Cruz Menezes:

Plötzlich hörte es auf zu regnen. Die Sonne brach durch die Wolken und warf ihre Strahlen auf die Erde. Sie schien auf die große Menschenmenge herabfallen zu wollen und wirbelte wie ein Feuerrad im Kreise, wobei sie alle Farben des Regenbogens annahm. Wir selbst, unsere Kleider und sogar die Erde nahmen diese Farben an. Man hörte Schreie und sah viele Menschen weinen. Tief beeindruckt dachte ich bei mir: »Mein Gott, wie groß ist deine Macht!«

Beurteilung des Sonnenwunders

Die vorangegangenen Berichte bilden einen Großteil der Beweisstücke für die Ereignisse von Fatima, für die es in der Geschichte kaum ein anderes Beispiel gibt. Wenn man nicht bereit ist, eine Position zu beziehen, die sich eher auf den Glauben als auf Beweise stützt, bleiben diese Ereignisse verwirrend und rätselhaft. Das Phänomen ist einfach einzigartig, und obwohl die Zeilen über die »Silberscheibe«

an einige UFO-Schilderungen erinnern, passen die sonstigen Beschreibungen kaum in diesen Zusammenhang. Man machte viel Aufhebens um die »Bewegung eines fallenden Blatts«, mit der sich UFO-Lenker angeblich am liebsten der Erde nähern. Aber aus den Berichten geht eindeutig hervor, daß dies in Fatima keine Bewegung war, sondern nur der Eindruck einer Bewegung. Es gibt keine Begegnung mit einem UFO, die dem Ereignis von Fatima in mehr als ein paar, nicht einmal unbedingt darin übereinstimmenden Kleinigkeiten ähnelt. Jedenfalls erinnere ich mich an keine, bei der die Zeugen die Farbe gewechselt hätten oder bei der es irgendeinen optischen oder psychologischen Effekt gab, der diesen Eindruck hätte hervorrufen können. Der Vergleich mit UFOs scheint mir hier, wo es so viel mehr Rätselhaftes zu erklären gilt, nicht sehr hilfreich zu sein.

Auf das Sonnenwunder werde ich zurückkommen, wenn wir die Glaubwürdigkeit aller Visionen und Erscheinungen diskutieren. Hier sollte jedoch noch eine kleine Bemerkung gemacht werden. Alle Schilderungen, die das Aussehen des Himmels beschreiben, scheinen anzudeuten, daß die »Sonne«, oder was immer es auch war, durch ein bestimmtes Loch in den Wolken gesehen wurde und von diesen eingerahmt war. Wenn man einmal annimmt, daß der Himmel bis auf dieses Loch mit dicken Wolken verhangen war, die auch den starken Regen verursachten, der bis zu Beginn des »Sonnenwunders« anhielt, könnte es dann nicht so gewesen sein, daß die »wirkliche« Sonne während des ganzen Vorgangs verdeckt blieb? Und könnte dann, wenn es so war, das Objekt, das man sah, nicht etwas ganz anderes gewesen sein? Schließlich schreibt Garrett ja, es habe ausgesehen, als ob die Wolken »hinter« der »Sonne« vorbeigezogen wären, und es gibt keinen Grund anzunehmen, daß an diesem Tag irgend etwas Seltsames mit der Sonne vor sich ging. Das soll nicht heißen, daß kein wunderbares, einmaliges oder unbegreifliches Ereignis stattfand, aber vielleicht sollten wir die »Sonne« einmal ganz aus dem Spiel lassen und nach einer Erklärung suchen, die sich eher beweisen läßt als die marktschreierischen Reden der zeitgenössischen Presse.

Das Problem der Memoiren Lucias

In der Geschichte über Fatima, wie sie uns seit etwa 1945 überliefert wird, gibt es eine ganze Reihe fragwürdiger Punkte. Die meisten beziehen sich auf die *Memoiren der Schwester Maria Lucia vom unbefleckten Herzen*. Im Alter von 14 Jahren trat Lucia, die einzige der drei Seher, die noch lebte, einem sehr strengen Orden bei und wurde am 24. Oktober 1925 Nonne. Bis zu ihrem Tod verbrachte sie ihr Leben in verschiedenen Klöstern. Der erste Teil der *Memoiren* wurde 1935, also mehr als 18 Jahre nach dem Ereignis, verfaßt, der letzte 1941. Anscheinend wurden alle Teile zusammen erst 1942, ein Vierteljahrhundert nach »Fatima«, veröffentlicht. Sie waren zunächst aber nur einer sehr kleinen Leserschaft zugänglich.

Wenn man über 20 Jahre in der Stille und Abgeschiedenheit eines Klosters, vom normalen Alltagsleben abgeschnitten, verbringt, und sicher wieder und immer wieder die Ereignisse von 1917 an sich vorüberziehen läßt, dann ist das bestimmt nicht die günstigste Voraussetzung, um sich an alle Kleinigkeiten eines Erlebnisses zu erinnern, das einen traumatischen Einschnitt in das Leben eines jungen, unschuldigen Kindes bedeutet haben muß. Es hätte eines unglaublichen Gedächtnisses bedurft und eines außerordentlichen Grades an Objektivität, um in diesen Memoiren das, was geschah, exakt wiederzugeben.

Hier haben wir nur den Platz, die Schilderungen von Visionen zu betrachten, die sich außerhalb der Zeitspanne Mai bis Oktober 1917 ereigneten, und das waren etliche. Nach meinen Untersuchungen erschien kein Bericht zur Zeit der

Visionen selbst oder überhaupt vor der Veröffentlichung von Lucias Memoiren. Zwei davon haben für unsere Zwecke wenig Bedeutung. Sie sollen am 10. Dezember 1925 (die heilige Jungfrau und das Jesuskind) und am 15. Februar 1926 (nur Jesuskind) stattgefunden haben.

Von größerer Bedeutung sind die Visionen, die sich vor dem Mai 1917, nämlich während der Jahre 1915 und 1916, ereigneten. Die Erscheinung von 1915 erlebte Lucia so: »Eine Figur schwebte über den Bäumen in der Luft. Sie sah aus wie eine Statue aus Schnee... sie sah aus wie jemand, der in Papier eingewickelt ist... man konnte keine Augen oder Hände unterscheiden.« Ein anderes Kind (vermutlich haben drei Kinder, deren Namen wir nicht kennen, das Phänomen erlebt) beschrieb die Gestalt anscheinend als kopflosen, weiß gekleideten Körper.

Lucia berichtet von verschiedenen Erscheinungen eines Engels im Jahre 1916: »Er war vierzehn oder fünfzehn Jahre alt, weiß wie Schnee, durchsichtig wie Kristall, durch das die Sonne scheint, und von großer Schönheit.« Er stellte sich selbst entweder als ein Friedensengel vor oder als der Schutzengel von Portugal. Er lehrte die Kinder (Lucia behauptet, Francisco und Jacinta seien jedesmal bei ihr gewesen – wer will heute das Gegenteil beweisen?) ein Gebet und deutete kommende Ereignisse und Leiden an. Wenn diese Erzählungen wahr sind, so werfen sie ein ganz anderes Licht auf die angebliche Spontaneität der Erscheinungen von 1917. Sind sie falsch, können wir die Verwirrung oder Unwahrheit, je nachdem, vielleicht mit Lucias eigenartigem und zurückgezogenem Leben entschuldigen.

Soweit scheint die Fatima-Geschichte also eine Mischung aus Tatsachen, Gerüchten und Wunschvorstellungen zu sein. Alles was wir mit Sicherheit darüber wissen, entstammt den Schilderungen der Menschen, die das Sonnenwunder miterlebt haben. Was an dem Zusammentreffen der Kinder mit einer Gestalt, die sie für die Jungfrau Maria hielten, wirklich wahr ist, läßt sich schwer beurteilen. Sichere Aussagen kann man dazu nicht machen. Dies ist eine recht unbefriedigende Situation, wenn man bedenkt, welch ein Glauben und wie viele Untersuchungen hier investiert worden sind.

7

Beauraing, Belgien 1932

*»Es sah aus, als leuchte in ihr eine
elektrische Glühbirne«*

Nach den großen Wundern von Fatima (wer könnte allerdings behaupten, er wisse ihre Ursache oder ihren Ursprung) mag die nächste Serie von Visionen, die großes Aufsehen in der Öffentlichkeit erregte, fast eine Enttäuschung sein. Sie trägt alle Merkmale der Erscheinungen, die wir bisher behandelt haben: die Kinder-Seher, das bäuerliche Milieu, die Botschaften usw. Trotzdem wurden schon wenige Monate nach dem Beginn der Visionen schwerwiegende Zweifel an ihrer Echtheit angemeldet, selbst von führenden katholischen Gelehrten in der Tradition des Marienkults, die bereit gewesen waren, Lourdes ohne zu zögern anzuerkennen.

Es ist deshalb etwas schwierig, objektive Berichte über die Erscheinungen zu finden, die in Beauraing stattgefunden haben sollen. Da die katholischen Gelehrten, an ihrer Spitze Männer wie Hellé und Thurston[10], sie bereits in einem frühen Stadium entschieden zurückwiesen, konnte ich auch keine nicht-katholische Schilderung finden, die der Rede wert wäre. Weil sich diese »Intellektuellen« der Kirche, wie man sie nennen könnte, so ablehnend zeigten, verfielen die Verteidiger von Beauraing zum Ausgleich ins gegenteilige Extrem. Die Visionen von Beauraing tauchen in fast allen Büchern über Marienerscheinungen auf, werden gemeinhin aber ziemlich oberflächlich und naiv abgehandelt.

Beauraing ist ein großes Dorf, etwa 60 Kilometer südöstlich von Brüssel und wenige Kilometer von der französischen Grenze entfernt. Es liegt in Wallonien, dem französisch sprechenden Teil Belgiens, und auch die Jungfrau Maria soll während der Vision französisch gesprochen haben. Nichts läßt darauf schließen, daß die Gegend beson-

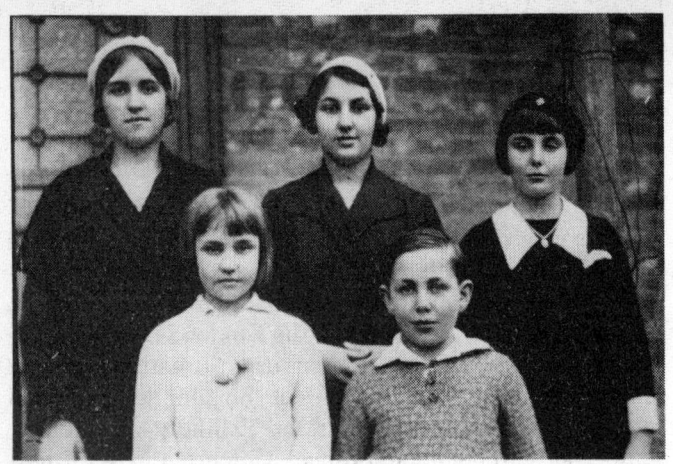

Die Seher von Beauraing*

ders arm war, obwohl die Ereignisse in den Jahren der großen Wirtschaftskrise stattfanden. Die Agrarwirtschaft, die in diesem Gebiet vorherrschte, schien zu blühen, und die betreffenden Kinder hatten weder unter sozialen noch unter persönlichen Härten zu leiden, obwohl es dort, wie im ganzen Land, politische Unruhen gab. 1932 lebten etwa 2000 Menschen in Beauraing. Fünf von ihnen, allesamt Kinder, behaupteten, jene Reihe von Visionen erlebt zu haben, die bis zum Ausbruch des Zweiten Weltkriegs noch viele weitere angebliche religiöse Offenbarungen in dieser Gegend nach sich zogen. Wir wollen nur die erste Serie von Erscheinungen betrachten, denn sonst würden sicher einige Skeptiker einwenden, daß die folgenden Visionen kaum mehr als ein Produkt von Hysterie und Wunschdenken waren.

Die Zeugen stammten aus zwei Familien, die mindestens seit zwei Generationen in Beauraing ansässig waren. Es waren Fernande Voisin, am 21. Juni 1917 geboren, ihre Schwester Gilberte, am 20. Juni 1919 geboren, und ihr

Bruder Albert, am 3. November 1921 geboren. Dann Andrée Degeimbre, geboren am 19. April 1918, und Gilberte Degeimbre, geboren am 13. August 1923. Die beiden Familien waren befreundet, aber nicht miteinander verwandt. Monsieur Voisin arbeitete bei der Eisenbahn und soll den Sozialisten nahegestanden haben. Seine Frau betrieb ein kleines Haushaltswarengeschäft. Ihre Kinder hatten zwar Religionsunterricht erhalten, aber sonst war die Familie nicht besonders fromm. Der Vater von Andrée und der jüngeren Gilberte war gestorben, und ihre verwitwete Mutter kümmerte sich alleine um den Haushalt. Sie soll nicht besonders fromm gewesen sein.
Welche religiösen Gepflogenheiten die Eltern auch immer hegten, die Tatsache, daß sich die erste Vision in einem religiösen Zusammenhang einstellte, läßt sich nicht leugnen. Gilberte Voisin besuchte die örtliche Schule, die von christlichen Ordensschwestern geführt wurde. Eine Geschichte, die immer wieder hartnäckig auftaucht, behauptet, sie sei dorthin geschickt worden, weil Monsieur Voisin hoffte, die Nonnen würden seine Tochter endlich dazu bringen, ihre Mahlzeiten aufzuessen. Ich halte das für unwahrscheinlich. Jedenfalls gingen am Abend des 29. November 1932 Gilbertes Geschwister Albert und Fernande zusammen mit ihren Freunden Andrée und Gilberte Degeimbre zur Klosterschule, um Gilberte abzuholen. Auf ihrem Weg kamen sie an einer kleinen Grotte vorbei, die von den Nonnen in Anlehnung an die Lourdes-Grotte erbaut worden war. Genau gesagt mußten die Kinder einen kleinen Umweg machen, um zu der Grotte zu gelangen.
Die Kinder läuteten am Klostertor. Während sie warteten, soll eines oder mehrere der Kinder zur Grotte und einer Eisenbahnbrücke, die darüber führte, zurückgeblickt haben. Man ist sich nicht einig (und ich finde das entmutigend), wer zuerst sprach. Die meisten behaupten, es sei Albert gewesen, der gesagt habe: »Schaut, dort läuft die heilige Jungfrau in einem weißen Kleid über die Brücke.«

Andere sind der Meinung (und das ist wahrscheinlich genauer), es seien vorher noch andere Worte gewechselt worden; Albert habe gesagt: »Ich sehe ein Licht«, worauf Andrée geantwortet habe: »Das muß der Scheinwerfer eines Zuges sein.«
Wie es auch immer war, auf das Klingeln der Kinder hin kam dann jedenfalls eine Klosterschwester in den Garten. Sie konnte nichts Außergewöhnliches sehen und sagte den Kindern, sie sollten vernünftig sein. Nachdem die Nonne wieder zurückgegangen war, waren alle Kinder der festen Überzeugung (oder sie hatten sich gegenseitig davon überzeugt), sie hätten die heilige Jungfrau gesehen, egal was die anderen davon halten mochten. Während der folgenden Nacht soll Gilberte Degeimbre im Schlaf gesagt haben: »Schau, wie schön sie ist.«
Vom nächsten Tag an gingen die Kinder täglich zur gleichen Zeit zu der Stelle, an der sie die erste Vision gehabt hatten. An manchen Tagen gingen sie sogar mehrmals dorthin. Dies läßt uns natürlich vermuten, daß das eine oder andere Kind mit den Erzählungen von früheren Marienerscheinungen vertraut war. Am 30. November geschah dasselbe wie am Tag zuvor. Am 1. Dezember hatte sich die Jungfrau ein wenig bewegt und stand nun fast auf dem Boden vor einem Weißdornbusch neben dem Tor. Ein Heiligenschein aus goldenen Strahlen soll ihren Kopf umgeben haben, und zum erstenmal fielen die Kinder auf die Knie und beteten. Angeblich kam und verschwand die Erscheinung dreimal an diesem Abend. Nicht immer aber haben alle drei Kinder sie wahrgenommen.
Am 2. Dezember sprach die Vision zum erstenmal mit Albert. Es steht nicht hundertprozentig fest, was genau gesagt wurde, aber Hellé und Don Sharkey[II], ein äußerst kritischer und zugleich überzeugter Verteidiger, stimmen darin überein, daß etwa folgende Worte gewechselt wurden:

Albert: Bist du die unbefleckte Jungfrau?
Vision: (Nickt mit dem Kopf.)
Albert: Was willst du?
Vision: Ihr müßt lieb sein.
Albert: Ich verspreche, daß wir lieb sein werden.
Und als die Kinder um 9 Uhr abends wiederkamen:
Vision: Werdet ihr wirklich lieb sein?
Andrée: Ja, ja. Das werden wir.

Albert berichtet, er habe in derselben Nacht alleine noch eine Vision gehabt: die Erscheinung habe ihm zugelächelt. Über den 3. Dezember gibt es widersprüchliche Schilderungen. Die Kinder gingen nicht in den Garten hinaus, soviel steht fest. In den Berichten, die die Vision verteidigen, wird behauptet, Mutter Theophile, die dem Kloster vorstand und oft als die »Schurkin des Stückes« hingestellt wird, habe den Kindern den Zutritt verboten. Hellé dagegen ist der Meinung, die Kinder seien zu sehr mit einem politischen Treffen beschäftigt gewesen, das anläßlich wichtiger Wahlen abgehalten wurde. Trotzdem warteten 150 Zuschauer auf die Seher: die Nachricht von der Erscheinung hatte sich offensichtlich wie ein Lauffeuer verbreitet.
Am darauffolgenden Abend kehrten die Kinder wie gewöhnlich zum Garten zurück. Sie waren diesmal in Begleitung von ausgewählten Zuschauern und zwei langjährigen Invaliden gekommen: einem blinden Erwachsenen und einem gelähmten Kind von acht Jahren. Alle knieten nieder, und Albert begann mit der Erscheinung, die er sah, zu sprechen. Vielleicht dachte er an Fatima, als er fragte: »Heilige Jungfrau, wir flehen dich an, heile Herrn Havenne und den kleinen Joseph. Sag uns, wann wir wiederkommen sollen.« Die Vision antwortete: »Am Tag der unbefleckten Empfängnis.« Albert sprach: »Wir danken dir, heilige Jungfrau. Ich bat dich um die Heilung, aber du wirst sie nur bewirken, wenn du uns einen Gefallen tun möchtest.«

Dann stellte Fernande ihre erste Frage: »Sollen wir hier eine Kapelle für dich bauen lassen?« – »Ja«, antwortete die Erscheinung.
In dem Bericht von John Beevers[12] wird behauptet, daß Albert später in derselben Nacht alleine die Heilung der zehnjährigen Paulette Dereppe erfleht habe, deren Füße von eiternden Wunden bedeckt waren.
Das Schema ist jetzt offensichtlich. Die Kinder, mit Albert als der treibenden Kraft, wenn nicht sogar dem Anführer, haben in dieser Serie von Erscheinungen bereits die zentralen Bestandteile früherer Visionen eingeführt: Das Niederknien zum Rosenkranz, um die Vision in einer Art magischem Ritual aufzufordern, zu erscheinen; die Erklärung, es handle sich bei der Vision um die »unbefleckte Empfängnis«; die Forderung nach dem Bau einer Kapelle; das Versprechen eines zukünftigen Zusammentreffens, bei dem etwas Außergewöhnliches eintreten werde; das tägliche Warten am Ort der ersten Erscheinung; ja die Vision selbst, die wie in Fatima in einem Baum erscheint. Es muß betont werden, daß es in jeder Hinsicht die Kinder waren, die die Leitfragen vorgaben und die Initiative ergriffen. Sie schienen die Regeln des Erscheinungsspiels gut zu kennen. Oder waren es in Wirklichkeit vielleicht die Kinder selbst, die die Regeln und den Verlauf der Ereignisse bestimmten? Gibt es noch einen anderen wichtigen Grund, warum Visionen, die sich in großen zeitlichen und geographischen Abständen ereignen, alle die gleichen Merkmale haben?
Albert schien entschlossen zu sein, ein Wunder zu veranlassen.
Er wählte hierzu den 5. Dezember aus, um die Erscheinung zu fragen: »Wenn du die unbefleckte Empfängnis bist, so bitten wir dich am Dienstag, dem 8. Dezember, vor aller Augen so viele Wunder wie möglich zu tun.« Er bekam keine Antwort. Am nächsten Tag befragte ihn sein Lehrer über die Erscheinungen – anscheinend wurde Al-

bert zum erstenmal richtig ins Kreuzverhör genommen. Ich zitiere nach Hellé:

Er erklärte, die heilige Jungfrau hätte ein weißes Kleid getragen, vielleicht noch eine blaue Schärpe, aber außer einem blauen Schatten habe er kaum etwas gesehen. Er sagte, sie sei ohne Rosenkranz erschienen, habe ihre Hände aber gefaltet und ruhig gehalten. Auf die Frage: »Welche Farbe haben ihre Augen?« antwortete der Junge: »Blau.« In diesem Moment platzte die Mutter, die bei dem Gespräch dabei war, heraus. »Aber das hast du mir ja alles gar nicht erzählt!« rief sie. Der Junge ging noch mehr ins Detail: »Ihr Kleid war aus Tuch, mit den Füßen stand sie auf einer Rauchwolke.« Ihr Gesicht, sagte er, habe »geleuchtet«.
»Was meinst du mit ›geleuchtet‹?«
»Es sah aus, als leuchte in ihr eine elektrische Glühbirne.«

Am 7. Dezember kam die Erscheinung der Bitte nach Wundern nicht nach. Am 8. Dezember ergänzten sich zum erstenmal in der Geschichte moderne Verkehrsmittel und der zeitlose Wunsch nach Wundern miteinander. Per Eisenbahn kamen alleine 7000 Menschen nach Beauraing angereist. Nahezu 15000 Schaulustige hatten sich gegen halb sechs am Abend auf der Straße versammelt, die am Kloster und an der Schule vorbeiführte.
Auch diesmal geschah kein Wunder. Die beiden Invaliden, die Albert herbestellt hatte, beteten laut und machten flehende Gesten zu der Erscheinung, die sie nicht sehen konnten, obwohl sie nach Angaben der Kinder zugegen war. Sie wurden nicht geheilt und erfuhren auch keine Linderung ihrer Gebrechen. Die Kinder berichteten, daß die heilige Jungfrau nur kurze Zeit erschienen sei, ohne ein Wort zu sagen. Viele Zuschauer waren bitter enttäuscht. Das einzige Interessante war, daß verschiedene anwesende Ärzte ein paar einfache Tests mit den Kindern durchführ-

ten, während diese die Erscheinung erlebten. Sie prüften, ob die Kinder auf Berührung, optische und akustische Reize normal reagierten, hielten brennende Streichhölzer in ihre Nähe und leuchteten mit Taschenlampen in ihre Augen. Von allen Kindern und den zwei Invaliden zeigte nur Gilberte Voisin deutliche Anzeichen eines ekstatischen oder tranceähnlichen Zustandes. Die übrigen reagierten völlig normal.

Selbst wenn wir die frühen Berichte über Visionen in Beauraing als Beweisstücke für Vorgänge werten, die in bestimmter Weise übernatürlicher Art waren, meine ich, daß Beauraing und seine Seher nach diesen Untersuchungen doch ziemlich unglaubhaft werden, und weit gelehrtere Autoren sind da derselben Meinung. Die Kinder gingen trotzdem auch weiterhin jede Nacht zum Garten und beteten wie gewöhnlich, aber vom 9., 10., 11. und 12. Dezember werden keine Erscheinungen berichtet. Am 13. und 14. Dezember sollen stille Erscheinungen stattgefunden haben. In derselben Nacht begann ein Zuschauer, ein gewisser Dr. Saint-Viteux, Betrug zu ahnen. Fernande, die in zunehmendem Maße zur Anführerin der Gruppe wurde, soll den anderen einen Wink gegeben haben, ein Stichwort, niederzuknien und die Ankunft der heiligen Jungfrau zu verkünden.

Auch am 15. und 16. Dezember geschah nichts weiter, aber selbst am 17. fanden sich noch 2000 Zuschauer ein. An diesem Tag schlug ein Priester, der auch darunter war, den Kindern vor, sie sollten die Jungfrau fragen, was sie denn wolle. Andrée fragte: »Der Pfarrer läßt fragen, was du wünschst?« Die Antwort lautete: »Eine Kapelle.« Diesmal gab es allerdings noch im Verlauf der Erscheinung Diskussionen und Streitigkeiten unter den Kindern, und als jedes einzeln befragt wurde, war nicht mehr herauszufinden, was die Erscheinung über die Kapelle wirklich gesagt hatte – ob sie einen ganzen Satz oder nur zwei Worte geäußert habe. Fernande und Andrée widersprachen sich noch in einem

anderen Punkt – die eine behauptete, die Dame habe ihre Arme ausgebreitet, bevor sie verschwand, die andere aber bestritt dies.
Am 18. Dezember ereignete sich keine Vision, und die Kinder mußten sich mittlerweile wirklich anstrengen, um überhaupt noch von sich reden zu machen. Stille Erscheinungen sollen am 19. und 20. Dezember stattgefunden haben, nachdem die Kinder neununddreißig, bzw. neunundzwanzig Ave-Maria gebetet hatten. Am 21. Dezember lautete auf die Frage: »Wer bist du?« abermals die Antwort: »Ich bin die unbefleckte Empfängnis.«
An den darauffolgenden Tagen wurde der ganze Garten künstlich beleuchtet. Man trennte die Kinder voneinander und beobachtete sie genau. Obwohl die Kinder keinen Kontakt zueinander hatten, konnte eine bemerkenswerte Übereinstimmung in ihren Bewegungen und Reaktionen festgestellt werden (ähnlich wie im Fall von Garabandal). Dies wirft die Frage auf, ob es vielleicht eine außergewöhnliche Form von Kommunikation unter den Kindern gab. Fernande stellte die Frage: »Warum kommst du hierher?«, die ihr ein Arzt vorgegeben hatte. Sie allein vernahm die Antwort: »Damit die Gläubigen hierher pilgern.« Unter den Ärzten, die in Beauraing zugegen waren, machte sich allmählich Überdruß breit.
Die Weihnachtsfeiertage brachten nichts Neues. Am 27. Dezember soll abends um 9.45 Uhr, als sich die Schaulustigen bereits zerstreut hatten, eine Erscheinung stattgefunden haben. Am 28. Dezember hörten beinahe 2000 Zuschauer die Kinder sagen, die heilige Jungfrau sei erschienen, um ihnen mitzuteilen: »Bald wird meine letzte Erscheinung gekommen sein.«
Es sollte sich aber noch etwas ereignen, das auf zweierlei Weise erklärt wurde. Hellé berichtet, am Morgen des 29. Dezember hätte ein Dr. Maistriaux Flugblätter verteilt, in denen von einem »goldenen Herz« die Rede war. Am selben Abend berichtete Fernande Voisin, die heilige Jung-

Die Vision in Beauraing vom 29. Dezember 1932*

frau habe ihre Arme ausgebreitet, worauf ein goldenes Herz zum Vorschein gekommen sei. Am nächsten Tag behaupteten auch Fernande, Andrée und die beiden Gilbertes, das gleiche goldene Herz gesehen zu haben. Fernande will als einzige gehört haben, wie die Jungfrau sagte: »Betet, betet oft!«
Am 31. Dezember sah auch Albert das goldene Herz. Unabhängig voneinander meldeten die Kinder drei Visionen der heiligen Jungfrau, und Gilberte Voisin gab an, sie sei aufgefordert worden, »immerfort zu beten«. Auch an diesem Tag konnte eine verblüffende Übereinstimmung im Handeln der Seher beobachtet werden. Am Neujahrstag soll es zu einer Auseinandersetzung zwischen Monsieur Voisin, dem Vater der Kinder, und Albert gekommen sein. Fernande behauptete, die heilige Jungfrau hätte zu ihr gesprochen, sie habe aber nicht zugehört – wirklich ein etwas seltsames Verhalten.

Am 2. Februar berichtete Fernande, daß die heilige Jungfrau zu ihr gesagt habe: »Morgen werde ich mit jedem einzelnen von euch sprechen.« Am 3. Januar erlebten die Kinder die letzte Vision, aber in der Gegend um Beauraing sollten noch viele Erscheinungen stattfinden. Nähere Informationen zu diesen Ereignissen bietet das Buch *Beauraing and Other Apparitions* (Beauraing und andere Erscheinungen) von Pater Herbert Thurston[10]. In den weniger kritischen, sehr katholischen Erzählungen taucht Beauraing unter dem Stichwort »Das goldene Herz« und die Vision unter dem Titel »Die heilige Jungfrau mit dem goldenen Herzen« auf. Es wäre in der Tat seltsam, wenn alle Wallfahrten, alle Bekehrungen und Heilungen nur das Resultat der kleinen Flugblattaktion eines belgischen Arztes wären. Die Berichte über die Ereignisse des letzten Tages lassen neue Zweifel an der Glaubwürdigkeit der Erscheinungen aufkommen. Das einzige, was in Beauraing bisher noch gefehlt hatte, war die Übermittlung eines Geheimnisses gewesen, wie dies in anderen Fällen üblich war. Nun wurde auch dieser Punkt noch abgehakt. Es lohnt sich, Hellé etwas ausführlicher zu zitieren:

Die anderen Kinder mischten sich unter die Zuschauer. Nur Fernande blieb bewegungslos vor der Grotte stehen, als würde sie immer noch auf ein letztes Zeichen warten. Plötzlich rief ein Zuschauer: »Ein Feuerball!«, aber es war nur das Blitzlicht eines Fotografen. Plötzlich fiel Fernande wie vom Blitz getroffen zu Boden. »Ja, ja«, schrie sie, wälzte sich auf dem Boden und schluchzte laut.
Der Anfall dauerte ein paar Minuten. Fernande sah völlig verzückt aus. Als die Kinder nach Hause gingen, weinten sie alle.

Andrée Degeimbre: Die heilige Jungfrau sagte: »Ich bin die Mutter Gottes, die Himmelskönigin. Betet allezeit. Leb wohl.«

Gilberte Voisin (in Tränen aufgelöst und unter Schluchzen): Die heilige Jungfrau vertraute mir ein Geheimnis an und sagte: »Ich werde alle Sünder bekehren. Leb wohl.«

Gilberte Degeimbre: Ein Geheimnis und leb wohl.

Anscheinend rückte Gilberte mit ihrem Geheimnis erst neunzig Minuten später als die anderen heraus. Fernande war der Überzeugung, ihr sei befohlen worden, Nonne zu werden. Albert glaubte, der Gesichtsausdruck der Jungfrau Maria habe bedeutet, daß sie zurückkommen wollte. Es mußte für alle Kinder eine sehr seltsame Zeit gewesen sein.
Um diesen außergewöhnlichen und manchmal wirklich traurigen Fall abzuschließen, möchte ich noch einmal auf *The Sun Her Mantle*[12] (Die Sonne, ihr Mantel) zurückkommen. Nach diesem Bericht soll eines der weinenden Kinder, als die letzte Vision vorbei war, zu einem Zuschauer gesagt haben: »Die schönen Tage sind vorbei.«
Und so war es auch.

8

Banneux, Belgien, Januar bis März 1933

»Mama, da ist eine Frau im Garten«

Nur zwölf Tage nach den letzten Visionen in Beauraing begann eine andere Serie von Erscheinungen. Da sie auch in Belgien stattfanden, wurden sie natürlich von Beauraing und der wohlbegründeten Kritik, die in diesem Fall angemeldet worden war, überschattet. Aber auch wenn es feststeht, daß das Gebiet um Beauraing bis zum Jahr 1939, als der Krieg ausbrach, zu einem Zentrum von Visionen und sonstigen religiösen Offenbarungen wurde, soll betont werden, daß Banneux immerhin fünfzig Kilometer entfernt, unweit der deutschen Grenze lag und von den Ereignissen in Beauraing nicht direkt beeinflußt wurde. Irgendwie habe ich das Gefühl, daß man in diesem Fall sowohl dem Seher als auch den Berichten Glauben schenken darf – dieser Meinung ist übrigens auch Pater Herbert Thurston, der bei Beauraing ja starke Zweifel angemeldet hatte[10]. Banneux scheint sich den »spontanen« Fällen von La Salette und Pontmain anzunähern und trägt nicht die Merkmale bewußten oder unbewußten Schwindels. Es ist nur bedauerlich, daß es so wenig detaillierte Informationen über die Ereignisse gibt. Leider existiert auch von der einzigen Zeugin, Mariette Beco, keine Schilderung, die sie unmittelbar nach dem Geschehen abgegeben hätte.

Das Milieu, dem die Seherin von Banneux entstammte, dürfte uns mittlerweile bekannt vorkommen. Mariette wurde bezeichnenderweise am 25. März 1921 geboren, dem Fest Mariä Verkündigung. Ihre Familie, die aus den Eltern und sieben Kindern bestand, lebte in einem kleinen Vier-Zimmer-Haus, das Mariettes Vater Julien gebaut hatte. Drei Räume dienten als Schlafzimmer, einer als Wohnraum und Küche. Julien, der Drahtzieher gelernt hatte, war meistens arbeitslos und verließ nur selten das

Haus. Die Familie lebte wahrscheinlich in ziemlicher Armut. Natürlich hatte es ein Kind aus solchem Elternhaus 1933 in Belgien trotzdem einfacher, zur Schule zu gehen, als andere Kinder früher und in anderen Ländern. Aber Mariette war dafür bekannt, daß sie oft die Schule schwänzte und lieber ihrer Mutter zu Hause bei den kleinen Geschwistern half. Sicher war sie vor der Vision nicht

Mariette Beco: die Seherin von Banneux

außergewöhnlich fromm, und für den katholischen Glauben soll sie sich recht wenig interessiert haben. Aber dieser Punkt wird oft überbetont, um die Spontaneität einer Vision herauszustellen, so daß wir uns darauf lieber nicht verlassen wollen.

Der Abend des 15. Januar 1933 verlief zunächst ganz normal im Hause der Becos. Die ganze Familie, außer Mariette, ihrer Mutter Louise und ihrem zehnjährigen Bruder Julien, der seit Mittag noch nicht nach Hause gekommen war, hatte sich um sieben Uhr zu Bett gelegt. Ein altes Leinentuch hing vor dem Fenster des Zimmers. Mariette lüftete es ein wenig, um nach ihrem Bruder Ausschau zu halten. Als sie dies tat, glaubte sie in der Dunkelheit auf einer kleinen Heidefläche, die ein Garten sein sollte, eine leuchtende Figur ausmachen zu können, die wie eine Frau aussah. Sie rief: »Mama, da ist eine Frau im Garten«, kam dann aber zu dem Schluß, daß es sich wohl um den Schatten der Öllampe, die hinter ihr brannte, handeln mußte. Dieser Gedanke ist recht erstaunlich für ein Kind, das nicht gerade als intelligent galt. Mariette trug die Lampe in einen anderen Raum im Untergeschoß, wobei sie vermutlich die Schlafenden störte. Sie wollte schauen, ob sich ihr Eindruck änderte, wenn das Licht aus einem anderen Winkel fiel. Es scheint, daß die Mutter glaubte, die Tochter sähe Gespenster, und ihr dies auch gesagt habe. Mariette antwortete, sie glaube, die heilige Jungfrau Maria zu sehen.

Die Öllampe stand nun woanders, aber die Figur war immer noch da. Als Louise Beco aus dem Fenster sah, glaubte auch sie, eine weiße, menschenähnliche Gestalt wahrzunehmen, allerdings ohne genauere Einzelheiten (dies wird in vielen, wenn auch nicht allen Berichten behauptet). Die Mutter beharrte auf ihrer Erklärung, es handle sich um einen Geist oder eine Hexe. Dies ist ein wichtiger Gesichtspunkt, der Banneux von allen anderen Fällen mit Kinder-Sehern unterscheidet. Wenn Mariettes

Mutter die Gestalt wirklich sah, dann haben wir eine einmalige Bestätigung für eine solche Erscheinung. Gleichzeitig kommen aber auch Zweifel an der Erklärung Mariettes auf, es handle sich um die Muttergottes.
Für Mariette stand es auf alle Fälle fest, wen sie vor sich hatte. Ich erwähnte schon, daß es keine Augenzeugenberichte über die Erscheinung gibt, aber das folgende scheint doch im wesentlichen die Wahrnehmungen des Mädchens wiederzugeben. Der Abschnitt ist dem Buch *A Woman Clothed with the Sun*[9] und dort einer Passage entnommen, die von Don Sharkey, dem Autor einer berühmten Abhandlung, die sich u. a. mit Beauraing befaßt, stammt:[II]

Ein großer ovaler Schein umgab ihren Körper. Das Kleid von makellosem, blendendem Weiß schloß züchtig am Hals und fiel in breiten Falten würdig zu Boden. Die Schärpe von einem unvergeßlichen Himmelblau (das Mariette erst zwei Jahre später an einem Sommertag noch einmal gesehen haben soll) schlang sich locker um die Hüften und endete in zwei Lichtstrahlen über dem linken Knie der Erscheinung. Kopf, Schultern und Hals der Jungfrau bedeckte ein Schleier, der so vollkommen weiß war wie das Kleid, aber aus einem durchscheinenden Stoff. Die Dame hatte sich nach links vorne gebeugt, den Kleidsaum leicht gelüftet, und darunter kam ihr rechter Fuß, an dem eine goldene Rose steckte, zum Vorschein. An ihrem rechten Arm hing ein Rosenkranz, der wie Brillanten glitzerte und dessen Kette und Kreuz im Lichtschein golden schimmerten.

Die Vision endete mit einem einzigartigen Erlebnis: als Mariette den Rosenkranz betete, merkte sie, daß die Jungfrau dasselbe tat. Dann hob sie ihre Hand und deutete mit ihrem Zeigefinger auf Mariette. Vielleicht fürchtete sich die Mutter wirklich vor Gespenstern und Hexen, denn als

das Mädchen hinausgehen wollte, verschloß sie schnell die Tür. Als Mariette zum Fenster zurückkehrte, war die Erscheinung verschwunden. Kurz darauf kam ihr Bruder Julien zurück, dem nichts Besonderes aufgefallen war. Dem Vater erzählte man seltsamerweise erst am nächsten Tag von dem Erlebnis. Er tat es als baren Unsinn ab, obwohl seine Frau und Mariette unabhängig voneinander denselben Standort der Gestalt angaben.
Die Vision schien Mariettes Verhalten sofort beeinflußt zu haben. Am nächsten Tag, einem Montag, besuchte sie zum erstenmal seit Wochen pünktlich die Schule. Sie vertraute ihr Erlebnis einer guten Freundin an, die daraufhin mit ihrem Einverständnis zum Dorfpfarrer, Pater Jamin, ging. Der zeigte sich nicht im geringsten beeindruckt und erklärte die Geschichte mit den kurz zurückliegenden Visionen von Beauraing.
Am Dienstag legte Mariette ein ungewöhnliches Interesse für den Unterricht im Katechismus an den Tag. Ihr Glauben war neu belebt worden, und von nun an betete sie regelmäßig. Bei dieser einen Vision sollte es aber nicht bleiben. Die zweite ereignete sich in der Dienstagnacht des 18. und enthält Elemente, die wir von einer Reihe früherer Fälle schon kennen. Kurz vor sieben Uhr ging Mariette trotz der bitteren Kälte in den Garten, kniete auf dem gefrorenen Boden nieder und betete den Rosenkranz. Ihre Beschreibung von der Ankunft der Gottesmutter liest sich wie viele frühere religiöse Erlebnisse und eine Zahl vorausgegangener UFO-Fälle. Die heilige Jungfrau soll zu dem Ort herbeigeflogen sein. Zunächst sei sie ganz klein gewesen, dann aber, als sie sich zwischen den Wipfeln zweier Pinien herabließ, gewachsen. Eineinhalb Meter von Mariette entfernt kam sie zu stehen: »Ihre Füße berührten den Boden nicht, sondern blieben auf einer grauen Wolke, die etwa eineinhalb Meter über dem gefrorenen Boden schwebte.« Sie sah aus wie beim letzten Mal, nur daß sie jetzt einen Heiligen-

schein aus Lichtstrahlen trug, die zu einer runden Scheibe gebündelt waren.

Während sich Mariettes Vater mit dem Fahrrad aufmachte, um den Pfarrer zu holen, stand Mariette da und antwortete auf die Frage, was sie mache, daß ihr die Erscheinung bedeute zu folgen. Immer noch betend, ging sie etwa 150 Meter die Straße hinauf, wobei sie sich unterwegs dreimal auf die Knie fallen ließ. Dann kam sie an ein Gewässer, das in den romantisierenden Schilderungen eine »vorher nicht bekannte Quelle« und in den prosaischen Berichten »ein kleiner Bach neben der Straße« genannt wird. Hier sprach die Dame zum erstenmal und sagte: »Tauche deine Hände in das Wasser.« Mariette tat, wie ihr geheißen. Dann sagte die Jungfrau: »Dieser Fluß gehört nur mir«, und danach: »Au revoir.«

Einige Zeugen hörten Mariette diese beiden Sätze wiederholen, und die Vision endete genau wie sie begonnen hatte: die Jungfrau stieg über den beiden Pinien in der Nähe des Grabens wieder in die Luft.

Am nächsten Tag besuchte Pfarrer Jamin in Begleitung eines Benediktinerpaters die Becos. Es ist verwunderlich, daß er später weder das Haus, noch die Quelle oder den Fluß je wieder besichtigte und an den Bischof nur die Berichte weitergab, die er von anderen Zeugen gehört hatte. In dieser Nacht waren elf weitere Beobachter zugegen, darunter der Dorfarzt, als Mariette aus dem Haus kam und im Schnee auf die Knie fiel. Als die Jungfrau erschien, fragte sie, wie ihr der Benediktiner aufgetragen hatte: »Wer seid Ihr, Madame?« Sie erhielt die Antwort: »Ich bin die Jungfrau der Armen.« Darauf hörte man das Kind sagen: »Oh, die Jungfrau der Armen.« Dann ging Mariette wieder zu dem Fluß, wo ihr die Jungfrau sagte: »Diese Quelle gehört den Menschen aller Völker. Sie hilft den Kranken.« Und dann: »Ich werde für dich beten. Au revoir.«

Natürlich hörten die Anwesenden nur, was Mariette laut

wiederholte. Vision und Botschaft wurden ausschließlich von dem Mädchen wahrgenommen.
Den nächsten Tag verbrachte Mariette im Bett. Ihre Eltern erlaubten ihr nur, in den Garten hinauszugehen, weil sie drohte, sonst aus dem Fenster zu springen. Diesmal warteten ein anderer Arzt und zwei Journalisten. Mariette fragte: »Was wünscht Ihr, meine schöne Jungfrau?« Sie bekam zur Antwort: »Ich hätte gerne eine kleine Kapelle.« Die Anwesenden hörten nur, wie das Kind sagte: »Oh, eine kleine Kapelle.« Dann fiel es bewußtlos zu Boden. Anzeichen einer Hysterie machten sich bemerkbar.
Drei Wochen lang ging Mariette in den Garten, ohne eine Vision zu erleben. Das öffentliche Interesse nahm ab, und es kamen keine Zuschauer mehr. Mariette ging in dieser Zeit pünktlich zur Schule, mußte sich aber viele Neckereien von ihren Schulkameraden gefallen lassen, die sogar so weit gingen, ihr ein blaues Auge zu schlagen.
Am 11. Februar feierte man das Fest der heiligen Jungfrau von Lourdes. Ein Priester und fünf Nonnen besuchten die Becos, und Mariette zeigte sich in demütiger Haltung im Garten des Hauses. Nach dem achten Gesetz des Rosenkranzes erschien ihr wieder die Jungfrau und führte sie an den Fluß. Später berichtete Mariette, daß die Muttergottes zu ihr gesagt habe: »Ich komme, um Leiden zu mildern«, und dann: »Au revoir«, bevor sie verschwand. Am folgenden Sonntag ging das inzwischen sehr fromme Kind zur Erstkommunion.
Am 15. Februar ereignete sich etwas, das wir von anderen Erscheinungen schon kennen. Drei Fremde waren zugegen, als Mariette die Kommunion einnahm. Später berichtete sie, die Jungfrau hätte gesagt: »Glaube an mich. Ich werde an dich glauben« (eine eigenartige Aussage, wenn man wirklich annimmt, daß es sich um die Muttergottes handelte). Dann vertraute sie Mariette ein Geheimnis an und ermahnte sie: »Es ist nur für dich bestimmt, Mariette. Du darfst es niemandem erzählen, nicht einmal deinem

Vater oder deiner Mutter. Bete viel.« Dann verabschiedete sie sich wie gewöhnlich mit »Au revoir«. Von diesem Geheimnis konnte ich nicht einmal die Andeutung einer Enthüllung in Erfahrung bringen.

Bei der siebten Vision am 20. Februar waren acht Beobachter zugegen. Es schien Mariette viel Mühe zu kosten, mit der Erscheinung Kontakt aufzunehmen – sie brauchte zehn Gesetze des Rosenkranzes und ein Dutzend Ave-Maria. Es schneite. Das Kind fühlte sich offensichtlich unwohl und war aufgewühlt: sie weinte die ganze Zeit. Die »Jungfrau der Armen« sagte: »Bete viel, mein liebes Kind«, und »Au revoir«. Dann verschwand sie. Es scheint, daß sich die Beziehung zwischen dem Kind und der Erscheinung zunehmend persönlicher gestaltete und daß Mariette sich immer ernsthafter um den Glauben bemühte.

Die achte und letzte Erscheinung in Banneux, die am 2. März 1933 stattfand, hat etwas sehr Trauriges. Fünf erwachsene Zuschauer beobachteten, wie Mariette erregt betete, ihre Arme zum Willkommensgruß ausbreitete, wieder betete, dann »Ja, ja« sagte und sich auf den Boden warf, »wo sie zusammengekrümmt liegen blieb, unter Schluckauf das Ave-Maria hervorbrachte und würgend schluchzte«. Dann setzte wieder starker Regen ein.

Später erzählte Mariette den Zuschauern, daß die heilige Jungfrau nur zu ihr gesagt habe: »Ich bin die Mutter des Erlösers, die Mutter Gottes. Bete oft. Adieu.« Das Adieu war kein »Au revoir«, und es war das letzte.

Mehr gibt es zu Banneux kaum zu sagen. Wie bei den meisten größeren Visionen wurde auch die Echtheit dieser Erscheinung vom örtlichen Bischof weitgehend anerkannt. In Banneux stehen heute viele schöne Gebäude, die jedem großen Wallfahrtsort alle Ehre machen würden. Die Glaubwürdigkeit ist natürlich bei weitem nicht gesichert, aber fast alle Kommentatoren stimmen darin überein, daß an Banneux und Mariette Beco irgend etwas »Wahres« dran ist, wo es bei Beauraing eher nach etwas »Falschem« roch.

9

Garabandal, Spanien, 1961 bis 1965

*»Bisher war der Kelch nur dabei, sich zu füllen.
Jetzt läuft er über.«*

Wenn Glaubwürdigkeit und Echtheit einer Erscheinung von wirkungsvoller Propaganda und dem Eifer ihrer Verteidiger abhängen würden, wäre Garabandal die berühmteste aller Marienerscheinungen. In aller Welt verteilen die Klöster *Unserer Lieben Frau vom Berge Karmel* gelehrte und gut aufgemachte Broschüren über die Vision. In einer ganzen Reihe von erstklassigen Büchern zuverlässiger katholischer Autoren werden die Erscheinung und ihre Seher geistreich besprochen und übersichtlich dargestellt. Amerikanische Gläubige haben einen Film gedreht, und auch der *Everyman*-Video und Film der BBC wurden oft gezeigt. Garabandal ist eine zeitgenössische Vision, die mit allen Mitteln der modernen Technik und des modernen Kommunikationswesens ausgeschlachtet wurde. Es gibt sogar eine regelmäßig erscheinende Zeitschrift darüber.
Und doch scheinen die Garabandal-Visionen, wenigstens unter den britischen Katholiken, in gewisser Weise unbeachtet geblieben zu sein. In Spanien selbst, in der Diözese Santander, waren die Erscheinungen nicht auf die Anerkennung von seiten der kirchlichen Behörden gestoßen, die anderen, ähnlichen Fällen ohne weiteres zugestanden wurde. Das Ergebnis ist, daß Garabandal einen eigenständigen Kult entwickelte (ohne sich allerdings von den katholischen Lehrsätzen und Glaubensinhalten allzu weit zu entfernen), dessen zentrale Figur die Jungfrau Maria ist und dessen Propheten die Seher sind, die sich aufgrund ihrer besonderen Erfahrungen von der übrigen Menschheit absetzen. Das Dorf selbst hat »Heiligkeit« erlangt, weil man dort noch immer auf die Erfüllung einer Prophezeiung, auf ein Wunder, ein bleibendes Zeichen wartet, das zwischen den Pinien von Garabandal gesetzt werden soll, um dort

von allen Besuchern deutlich gesehen zu werden. Diese besondere Situation, die es weder in Lourdes noch in Fatima gibt, sollten wir im Auge behalten, wenn wir uns mit den Ereignissen von Garabandal beschäftigen.

In Garabandal waren es vier Kinder, die unter der Führung eines Mädchens fast immer zur selben Zeit die gleiche Vision erlebten. Die Seher hießen Conchita Gonzalez, Loli (eigentlich Maria Dolores) Mazon, Jacinta Gonzalez (diese drei waren 12 Jahre alt, als sie die erste Vision hatten) und Mari Cruz Gonzalez, 11 Jahre alt. Obwohl drei Kinder denselben Nachnamen haben, waren sie nicht direkt miteinander verwandt und hatten jedes sein eigenes Elternhaus. Alle stammen aus Bauernfamilien, scheinen aber nicht unter besonderer Armut oder Not gelitten zu haben. Sie besuchten die gleiche kleine Schule, kannten sich gegenseitig gut, waren aber keine dicken Freundinnen. Unter sich und im Verlauf der Erscheinungen sollen sich Conchita mit Mari Cruz und Loli mit Jacinta paarweise zusammengetan haben.

Die große Zahl von Erscheinungen – es waren insgesamt etwa 2000, wobei sich oft mehrere an einem Tag ereigneten – macht es unmöglich, jede einzelne zu erfassen, was auch nie versucht wurde. Wir sollten uns jedenfalls auf die frühen Berichte konzentrieren, die vermutlich den höchsten Grad an Spontaneität besitzen. Der Großteil der Schilderungen stimmt überein, und es wird genügen, ein paar Beispiele anzuführen.

Wer sich die Seher gerne als »Auserwählte« denkt – wie diejenigen, die La Salette skeptisch gegenüberstehen, weil seine Seher Erwachsene waren –, wird von Garabandal enttäuscht sein. Am Sonntag, dem 18. Juni 1961, hatte ein Gastpfarrer (Garabandal besaß keinen eigenen) die Frühmesse gelesen. Viele der frommen Dorfbewohner kehrten am Nachmittag noch einmal zum Rosenkranz in die Kirche zurück, während sich Conchita und Mari Cruz davonstahlen, um im Garten des Schulmeisters Äpfel zu stibitzen.

Dabei wurden sie von Loli und Jacinta erwischt, die zuerst drohten, sie zu verraten, dann aber darauf verzichteten und den Streich lieber mitmachten. Gegen 8.30 Uhr am Abend hatten sie eine schöne Menge Äpfel beieinander und machten sich davon. Offensichtlich überkamen sie dann Gewissensbisse, denn die Kinder beschlossen, wie in einem frühen Bericht dargestellt wird, ihr guter Engel oder Schutzengel müsse besänftigt werden. Und so schreibt Conchita in ihr Tagebuch (das sie leider erst im folgenden Jahr 1962 begann):

Wir fingen an, Steine zu sammeln, und warfen sie mit aller Kraft nach links, wo der Teufel sein sollte... Als wir müde wurden, Steine zu werfen, und zufriedener mit uns waren, begannen wir mit kleinen Steinchen auf dem Boden Murmeln zu spielen. Plötzlich erschien eine sehr schöne Gestalt neben mir, die hell leuchtete, ohne mir in den Augen weh zu tun. Als die anderen Mädchen, Jacinta, Loli und Mari Cruz, mich in diesem Zustand sahen, glaubten sie, ich hätte einen Anfall, denn ich hielt meine Hände gefaltet und sagte: »Oh... oh... oh!« Sie wollten meine Mutter holen, fielen aber in denselben Zustand wie ich. Und sie riefen alle zusammen: »Oh, ein Engel!« Dann trat eine kurze Stille unter uns vier ein, und plötzlich verschwand der Engel.

Diese kurze Schilderung liefert uns einige Anhaltspunkte zur Art der Erscheinung. Es fällt auf, wie eng die Parallelen (vom Spiel mit den Steinen bis zur Erscheinung des Engels) zwischen Garabandal und Fatima verlaufen, das die vier Mädchen aus Erzählungen gut gekannt haben mußten. Ein grundsätzliches Interesse für Engel, der Glaube an sie, muß vorhanden gewesen sein. Die Kinder fühlten, daß ein Engel um sie sein mußte, bevor sie überhaupt einen sehen konnten. Wichtig ist auch der Umstand, daß die Vision von Conchita wenige Augenblicke vor den anderen

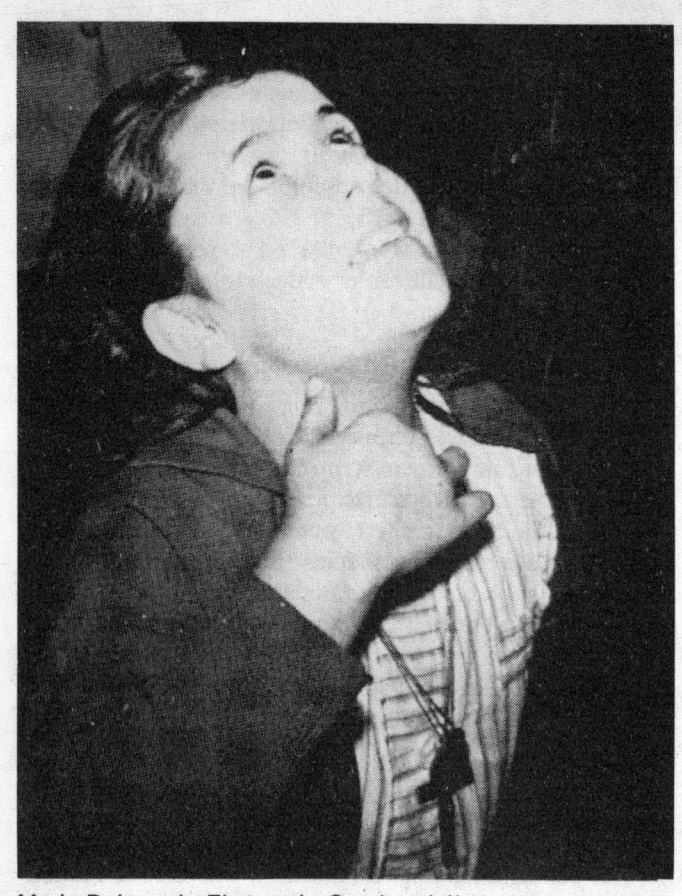

Maria Dolores in Ekstase in Garabandal*

»erlebt« wurde, was auch bei anderen Visionen immer wieder der Fall ist. Es liegt nahe, die dominierende Persönlichkeit Conchitas und vielleicht auch Telepathie oder eine andere Form von übernatürlicher Kontaktaufnahme als Erklärung heranzuziehen.
Die Beschreibung, die Conchita von dem Engel macht, ist verwirrend:

Er trug ein langes, saumloses, blaues Gewand. Er hatte ziemlich große, rosafarbene Flügel. Sein Gesicht war schmal; es war weder länglich noch rund. Seine Augen waren schwarz. Er hatte feine Hände und kurze Fingernägel. Seine Füße waren nicht zu sehen. Er sah etwa neun Jahre alt aus. Aber obwohl er wie ein Kind aussah, wirkte er sehr stark.

Diese Beschreibung erinnert natürlich sehr an Archetypen von Feen, Engeln oder sonstigen nicht-menschlichen »Besuchern«.
Wir wundern uns jetzt nicht mehr, die Kinder am nächsten Tag am gleichen Ort wiederzufinden. Dies gehört mittlerweile zum festgefügten Ablauf von Marienerscheinungen. Die Kinder sahen nichts, aber an diesem Abend vernahmen sie die erste der sogenannten »Losungen«. Mehrere Hundert davon sollen übermittelt worden sein. Gegen 9.45 Uhr betete Conchita gerade in ihrem Zimmer, als sie eine Stimme sagen hörte: »Sorge dich nicht. Du wirst mich wiedersehen.« Es wird behauptet, die anderen drei Mädchen hätten zur gleichen Zeit dieselben Worte gehört.
Am nächsten Tag, dem 20. Juni, wollte Conchitas Mutter ihre Tochter nicht aus dem Haus gehen lassen. Aber schließlich gelang es den vier Kindern doch, sich auf den Weg zur »calleja«, der kleinen Gasse am Dorfrand zu machen, wo sie die erste Vision gehabt hatten. Weil dort nichts passierte, gingen sie zur Kirche. Als die vier sich von den Knien erhoben, sahen sie alle einen hellen Lichtblitz,

sonst aber nichts. Am nächsten Abend, sie waren gerade zum Rosenkranzgebet niedergekniet, verfielen die Kinder zum erstenmal in einen ekstatischen Zustand: sie warfen die Köpfe zurück, rissen die Augen weit auf, wie man es auf den Fotografien sehen kann. Später sagten die Kinder, der Engel sei erschienen, habe aber nichts gesagt.
Ähnliches berichteten sie an sechs der folgenden neun Tage. Am 1. Juli jedoch sprach der Engel zum erstenmal zu ihnen und teilte ihnen mit, am nächsten Tag würde ihnen die heilige Jungfrau erscheinen, »als Unsere Liebe Frau vom Berge Karmel«. Und so kam es tatsächlich. Conchita beschreibt das Ereignis in ihrem Tagebuch:

Zu beiden Seiten begleitete sie ein Engel. Einer war der heilige Michael. Den anderen kannten wir nicht, aber er war genauso gekleidet. Man hätte glauben können, es wären Zwillinge. Neben dem Engel, der rechts stand, sahen wir in gleicher Höhe mit unserer Lieben Frau ein sehr großes Auge, das wohl das Auge Gottes war.
An diesem Tag sagten wir viel zu unserer Lieben Frau und sie zu uns. Wir erzählten ihr alles. Wir erzählten ihr, wie wir auf die Felder gingen, um Heu zu machen, daß wir einen Sonnenbrand hatten und daß wir das Gras zu Haufen zusammengetragen hatten. Sie lachte, weil wir ihr so viele Dinge erzählten.

Für diejenigen, die sich in Geschichten über Erleuchtete auskennen, dürfte ein anderer Bericht über diese Vision von Interesse sein: »Zur Rechten der Muttergottes konnten sie ein rotes Quadrat sehen, das ein Dreieck einrahmte, in dem ein Auge und ein Schriftzug zu erkennen waren. Die Schrift bestand aus unleserlichen, orientalischen Buchstaben.«

Conchitas Schilderung von dieser ersten Begegnung mit der heiligen Jungfrau beinhaltet alle wichtigen Momente der folgenden Erscheinungen. Es gab Diskussionen und viel Gerede über das Alltagsleben der Mädchen. Zweifellos hatten die Kinder von Garabandal die engste und am längsten andauernde Beziehung zu einer Erscheinung. Dies dürfte auch der Grund sein, warum es den konservati-

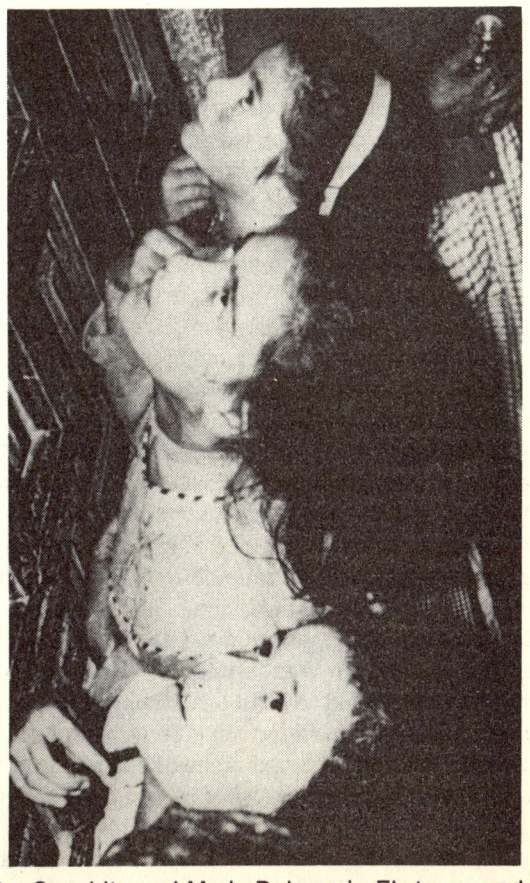

Jacinta, Conchita und Maria Dolores in Ekstase vor der verschlossenen Kirchentür in Garabandal*

ven Kreisen der katholischen Kirche so schwerfällt, die Echtheit der Vision anzuerkennen. Auch in Garabandal gab es schreckliche Warnungen an die Welt und die übliche Mischung aus Drohungen und Versprechungen.
Da wir es bisher bei allen Visionen so gehalten haben, möchte ich auch hier zuerst die ausführlichste Beschreibung der heiligen Jungfrau anführen, die von Conchita stammt:

Unsere Liebe Frau trägt ein weißes Kleid und einen blauen Umhang. Sie hat eine Krone aus goldenen Sternen. Ihre Füße kann man nicht sehen. Ihre Hände sind schmal, am rechten Handgelenk trägt sie ein Skapulier. Das Skapulier ist rötlich. Ihr Haar ist lang, lockig, dunkelbraun und in der Mitte gescheitelt. Sie hat ein längliches Gesicht, ihre Nase ist lang und schmal und ihr Mund zierlich und sehr schön: ihre Lippen sind nur ein klein wenig dick. Ihre Gesichtsfarbe ist ziemlich dunkel, aber heller als die des Engels, und sie hat eine wundervolle, ganz außergewöhnliche Stimme. Ich kann das nicht erklären. Es gibt keine Frau, die unserer Lieben Frau ähnelt, weder in der Stimme, noch in sonst etwas. Unsere Liebe Frau ist ungefähr 18 Jahre alt.

Es gibt keinen Zweifel darüber, daß die vier Mädchen wirklich in ekstatische Zustände gerieten und daß sie eng miteinander in Verbindung standen, selbst wenn sie durch die Menge voneinander getrennt waren. Eigenartig waren auch ihre »ekstatischen Wanderungen«, die sie, manchmal rückwärts, untergehakt durch die steinigen und steilen Gassen des Dorfes machten, ohne je zu stolpern. Diese Phänomene sind wirklich außergewöhnlich und es wert, genau untersucht zu werden. Aber es sind Phänomene, die auch in anderen Fällen, wo religiöse Erfahrungen nicht mitspielen, beobachtet werden können. Wie kann nun aber die Echtheit der Erscheinungen von Garabandal bewiesen werden? Was grenzt sie von anderen zeitgenössischen Visionen ab, die nur vorübergehend Aufsehen erregten und dann rasch wieder vergessen waren?

Zwei wichtige Momente kennzeichnen Garabandal. Zum einen handelt es sich um ein sichtbares Wunder, das angeblich schon vorher angekündigt war. Die Kinder hatten zu Beginn der Visionen von der Muttergottes die heilige Kommunion empfangen, was die Zuschauer aber nicht sehen konnten. Am 18. Juli 1961 (die meisten aufregenden Ereignisse geschahen zu Beginn der Serie von Visionen) soll Conchita an der Ecke ihres Hauses in Ekstase auf die Knie gefallen sein und ihre Zunge herausgestreckt haben; auf dieser erschien dann eine leuchtende, weiße Hostie. Es überrascht vielleicht, daß ein angeblich so spontanes Ereignis so schnell bemerkt wurde, aber es wurde in der Tat ein Kurzfilm davon gedreht (s. Abbildung S. 152). Einer von vielen Augenzeugen berichtet: »Es hatte nicht den Anschein, als ob die Hostie dorthin gelegt worden sei; vielmehr war es, als ob sie dort erst Gestalt annehme, schneller als das menschliche Auge es allerdings wahrnimmt.« Man kann natürlich nicht feststellen, was sich genau ereignete, oder wie es dazu kam. Aber das Ereignis bleibt doch ein bedeutendes Moment dieser ziemlich verwirrenden Serie von Erscheinungen.

Das zweite Moment waren die Warnungen, die die heilige Jungfrau den Kindern verkündete und die diese, vermutlich auf ihr Geheiß, weiterleiteten. Die Verkündigungen bilden den Rahmen zu den 2000 Visionen und Hunderten von Losungen, wobei sich eine zu Beginn und die andere vier Jahre später, gegen Ende der Erscheinungen ereignete. Die erste »förmliche Botschaft«, wie man diese Verkündigungen auch nennt, um sie von den einfachen Gesprächen der Kinder zu unterscheiden, wurde am 4. Juli 1961 vernommen und am 18. Oktober desselben Jahres bekanntgegeben. In ihr heißt es:

Wir müssen viele Opfer bringen, viel Buße tun und das heilige Sakrament regelmäßig zu uns nehmen. Aber vor allem müssen wir ein gutes Leben führen. Wenn wir das nicht tun, wird schwere Strafe über uns kommen. Der Kelch füllt sich gerade, und wenn wir uns nicht ändern, werden wir schwer bestraft werden.

Das »Hostienwunder« in Garabandal

Die zweite »förmliche Botschaft« wurde am 18. Juni 1965 empfangen. Sie enthält möglicherweise eine Reaktion auf die Weigerung der kirchlichen Behörden, die Erscheinung anzuerkennen:

Da meine Botschaft vom 18. Oktober nicht erfüllt und der Welt nicht bekanntgegeben wurde, weise ich euch darauf hin, daß dies die letzte ist. Bisher war der Kelch nur dabei, sich zu füllen. Jetzt läuft er über. Viele Kardinäle, viele Bischöfe und viele Priester sind auf dem Weg ins Verderben und ziehen viele Seelen mit sich fort. Immer weniger Bedeutung wird dem Meßopfer zugemessen. Ihr solltet den Zorn Gottes durch eigene Anstrengungen von euch abwenden. Wenn ihr ihn aufrichtig um Verzeihung bittet, wird er euch vergeben. Ich, eure Mutter, bitte euch durch die Vermittlung des heiligen Michael, des Erzengels, euer Leben zu bessern. Ihr habt die letzte Warnung erhalten. Ich liebe euch sehr und wünsche euer Verderben nicht. Betet zu uns, und wir werden eure Bitten erhören. Ihr solltet mehr Opfer bringen. Denkt an das Leiden Jesu.

Ein letztes Moment der Erscheinungen von Garabandal steht mit diesen Warnungen in Verbindung. Es handelt sich um eine Prophezeiung, die allerdings keinen Beweiswert besitzt, weil sie sich noch nicht erfüllt hat. Conchita soll wissen, wann sie sich erfüllen wird. Anscheinend soll eine göttliche Warnung erfolgen, die man auf der ganzen Welt wird wahrnehmen können. Auf sie soll (um halb neun Uhr abends an einem Dienstag, der auch der Festtag eines Heiligen, eines Märtyrers, sein wird) ein Wunder in Garabandal folgen, das ein bleibendes Zeichen zwischen den Pinien hinterlassen wird. Wenn das Zeichen und das Wunder nicht beachtet werden, soll eine fürchterliche Strafe – vermutlich das Ende der Welt – hereinbrechen. Vieles davon erinnert an die Prophezeiungen von Fatima. Und wie im Fall von Fatima werden wir auch hier unser Urteil, wenigstens noch eine Zeitlang, zurückstellen müssen.

10

Neuere Visionen

Es mag schwer zu verstehen sein, warum manche Fälle, die wir in diesem Buch untersucht haben, so bekannt wurden und so viele Anhänger finden konnten: hier denke ich besonders an Beauraing und Garabandal. Es scheint nicht einmal einen triftigen Grund dafür zu geben, daß *alle* diese Fälle berühmt wurden, obwohl die meisten ihren Platz in diesem Buch verdient haben. Selbst nach 1830 ereigneten sich noch Hunderte von Marienerscheinungen. Jährlich erreichen uns mindestens zwei oder drei Berichte von Visionen, die vorwiegend in Europa stattfanden. Die meisten werden von der Kirche nicht anerkannt. Ihre Bekanntheit hängt deshalb weitgehend von den Massenmedien und den Anstrengungen der kleinen Anhängergruppen ab, die nach besten Kräften versuchen, Nachrichten von den Visionen zu verbreiten. Wenn sich manche dieser neueren Erscheinungen ein Jahrhundert früher ereignet hätten, wären sie heute vielleicht berühmt. Die Seher würden hohes Ansehen genießen, und Geschichten über Prophezeiungen und Heilungen würden regelmäßig erscheinen, natürlich in der üblicherweise einseitigen Darstellung, die schon den früheren Erscheinungen schadete. Wenn sich heute eine Vision ereignen würde, wäre es möglich, ihre Glaubwürdigkeit festzustellen. Sollte aber etwa in den nächsten zehn Jahren keine Erscheinung stattfinden, werden wir einigen Grund haben zu bezweifeln, ob überhaupt jemals welche stattgefunden haben.

Im folgenden möchte ich noch ein paar Fälle vorstellen, die sich zu den bisher behandelten Erscheinungen so verhalten, wie die Apokryphen zum Alten und Neuen Testament. Es handelt sich um eine eigenartige Mischung von Fällen – einige überzeugen nicht im geringsten, andere wiederum hätten gut an die Stelle mancher Fälle treten können, die wir in diesem Buch behandelten. Diese Visionen sind die interessanteren, denn sie führen uns in Gegenden, die man bei Marienerscheinungen nicht vermutet hätte – nach Wales, Ungarn, Jugoslawien, Ägypten und in die USA. Einige der Berichte kommen aus ziemlich merkwürdiger Umgebung – so aus dem *Zentrum des kämpfenden Michael* – und aus privaten, ultrakonservativen katholischen Kreisen, deren Mitglieder es wohl nötig hatten, etwas Bestimmtes zu beweisen. Aber sie sind trotzdem ein wichtiger Bestandteil unserer Beweisführung, wenn auch kaum festgestellt werden kann, was an ihnen tatsächlich dran ist.

Robinsonville

Zunächst ein Fall, der uns zum erstenmal nach Nordamerika, genauer nach Robinsonville im US-Staat Wisconsin, führt. Hier sah Adele Briss, die Tochter einer belgischen Einwandererfamilie, im Herbst 1859 zweimal eine weiß gekleidete Frau einen Indianerpfad entlangwandeln. Adele war ein frommes Mädchen, das schon an seine Zukunft als Missionarin dachte. Als sie ihrem Beichtvater von dem Erlebnis erzählte, schickte er sie in Begleitung noch einmal an den Ort des Geschehens zurück, wo auch diesmal wieder die Gestalt erschien, die allerdings nur Adele wahrgenommen hat. Nach der Beschreibung des Mädchens war die Frau in ein strahlend weißes Gewand mit einer gelben Schärpe gekleidet, trug eine Sternenkrone auf dem Kopf und hatte langes, lockiges, goldenes Haar. Adele fragte sie, wer sie sei, und bekam zur Antwort: »Ich bin die Königin des Himmels, die für die Bekehrung der Sünder betet und dich bittet, dasselbe zu tun.« Dann erklärte sie Adele, wie sie andere zum Glauben führen solle, und sagte ihr ihre Hilfe zu. Die Gestalt verschwand, indem sie langsam, von einer Weihrauchwolke umgeben, zum Himmel aufstieg. Adele sank in Ohnmacht. Während der folgenden Jahre erbaute ihr Vater an dem Ort eine kleine Holzkapelle. Adele wurde Schwester Adele und organisierte den Bau eines Klosters und einer Schule, die sie selbst betrieb. Später kam es zu Auseinandersetzungen mit der Diözese. Man schloß sie vom Sakrament aus und drohte ihr mit der Exkommunizierung, falls sie weiterhin die Geschichte ihrer Visionen verbreitete.

Pellevoisin

Der Fall Pellevoisin ist insofern ungewöhnlich, als er eine mögliche »Wunderheilung« einschließt, die die Seherin selbst erlebte. In anderen Fällen, etwa dem der Bernadette von Lourdes, schienen die Begründer von Marienwallfahrtsorten selbst von Heilungen grundsätzlich ausgeschlossen zu sein. Die Seherin, Estelle Faguette, wurde 1843 geboren und zu den Barmherzigen Schwestern in Paris zur Schule geschickt, wo sie wahrscheinlich von der *Wunderbaren Medaille* und von La Salette hörte. Später trat sie in einen Orden ein, mußte aber wieder austreten, als sie an Tuberkulose erkrankte. Daraufhin fand sie eine Anstellung bei der Herzogin von Rochefoucauld, die Estelle, als sich deren Gesundheitszustand weiter verschlechterte, zur Genesung auf ihr Schloß bei Pellevoisin schickte. Estelle verehrte die Jungfrau Maria so sehr, daß sie in einer Lourdes-Grotte, die sich auf dem Anwesen befand, einen Brief hinterlegte, in dem sie um ihre Heilung und die Möglichkeit bat, für sich selbst sorgen zu können. Am 14. Februar 1876 soll Estelle, als sie gerade im Bett lag, der Teufel erschienen sein. Kurz darauf konnte sie auch die heilige Jungfrau sehen, ganz in Weiß, die zu ihr sagte: »Fürchte dich nicht, du weißt sehr gut, daß du meine Tochter bist. Hab Mut! Sei geduldig. Mein Sohn wird sich erbar-

men. Du wirst noch fünf Tage leiden, zu Ehren der fünf Wunden meines Sohnes. Am Samstag wirst du sterben oder genesen. Wenn mein Sohn dir das Leben zurückgibt, sollst du meinen Ruhm verkünden.«
Während der nächsten drei Nächte erschien Estelle immer erst der Teufel und dann die Jungfrau Maria, die stets zu ihr sprach, aber nichts Bedeutsames sagte. In der fünften Nacht erschien der Teufel nicht. Statt dessen gewahrte Estelle eine Steintafel, in die folgende Worte gemeißelt waren: »Aus der Tiefe meines Elends flehte ich zu Maria. Durch ihren Sohn wurde ich wieder völlig geheilt. Estelle F.«
Nachdem Estelle gehört hatte, was ihr die Besucherin zu sagen hatte, wurde sie von einem Schmerzkrampf geschüttelt und fühlte danach, daß sie genesen sei. Ihr gesundheitlicher Zustand schien dies zu bestätigen. Bis zum Juli hatte sie keine Erscheinungen mehr, dann erlebte sie drei im September und je eine im November und Dezember. Die meisten Botschaften, die sie empfing, betrafen die Verehrung des »Heiligen Herzens Marias«. Estelle verbrachte ihr Leben fortan mit der Herstellung und Verbreitung von Skapulieren, auf denen das Herz der Muttergottes dargestellt war.
Nachdem die kirchlichen Behörden Pellevoisin anfänglich anerkannt hatten, wird es seit Beginn dieses Jahrhunderts abgelehnt. Obwohl man dem Skapulier und einigen der Worte, die Estelle von der Gottesmutter vernahm, Echtheit und Bedeutung zugestand, wurde die Authentizität der Visionen selbst oder des »Heilungswunders« grundsätzlich abgestritten. Trotzdem, ein Vergleich Pellevoisins mit Pontmain oder Banneux wäre sicher nicht allzu abwegig.

Llanthony

Die Erscheinungen von Llanthony in Wales in den Monaten August und September des Jahres 1880 sind mindestens in einer Hinsicht einzigartig. Sie trugen sich in einer Art »religiösen Einrichtung« der englischen Hochkirche zu (wenn es überhaupt stimmt, daß sie sich zutrugen), die allerdings nur am Rande geduldet war. Die Abtei von Llanthony war von Pater Ignatius, einem englischen Adligen, gegründet worden, dessen ganzer Lebensinhalt die Verehrung der Jungfrau Maria war. Er hatte sich mit ein paar Erwachsenen und Kindern umgeben, die ähnlich gesonnen waren wie er, und sie lebten ständig in der Erwartung, daß irgendein Wunder geschehen müsse. In der Chronik der Abtei von 1880 heißt es:

30. 8. 1880 (9.30 Uhr)

Schwester Janet konnte sehen, wie das heilige Sakrament vor den Türen des massiven Tabernakels sichtbar wurde. Zunächst nur sehr blaß, wurde es nach und nach ganz deutlich und blieb eine Zeitlang stehen... Am Abend dieses Montags, des 30. August, spielten vier der Jungen zwischen der Vesper und dem Nachtgebet auf der Klosterwiese – es war gerade 8 Uhr und noch hell –, obwohl die Dämmerung schon eingesetzt hatte. John Stewart, ein Junge von zwölfeinhalb Jahren, wartete, bis er an die Reihe kam loszurennen, als er plötzlich eine wunderbar glänzende Gestalt über die Wiese auf sich zugleiten sah. Ein goldener Heiligenschein von ovaler Form umgab die Gestalt, die wie eine Frau aussah. Über dem Kopf und vor dem Gesicht trug sie einen Schleier und hatte beide Hände wie zum Segen erhoben. Sie näherte sich sehr langsam... Die Jungen sahen die wunderschöne Gestalt auf eine Hecke zugehen, dort einige Augenblicke verweilen und dann durch die Büsche verschwinden. ...Die Erscheinung glich den Darstellungen der »Unbefleckten Empfängnis«.

4. 9. 1880

(Niedergeschrieben von Bruder Dunstan, der gerade den Rhabarberbusch, von dem im vorigen Eintrag die Rede war, in helles Licht gegossen sah.)
Ich schlug vor, das Ave-Maria zu singen, damit die heilige Jungfrau, wenn sie es wirklich war, wiederkehre. So begannen wir das Ave zu singen und gewahrten sofort am Ende der Wiese beim Tor die Gestalt einer Frau, die von Licht umflutet war. Langsam bewegten sich die Gestalt und das Licht auf den Busch zu, der schon hell erleuchtet war.

Die Erscheinung soll zwei Stunden gedauert haben. Obwohl das Gras der Wiese »vom Tau ganz naß« war, konnte (wie im Jahr zuvor in Knock) festgestellt werden, daß der Boden um den Busch herum trocken und warm geblieben war.
Am folgenden Tag fand angeblich noch eine kurze Vision statt, aber das dramatischste Ereignis (jedenfalls nach der Schilderung zu urteilen) sollte erst noch kommen. Der gute Pater Ignatius hat es ein wenig in Szene gesetzt:

15. 9. 1880

Der ehrwürdige Vater sagte dann: »Singt jetzt ein Ave-Maria zu Ehren der heiligen Jungfrau.« Wir hatten das Lied noch kaum angestimmt, als der Himmel und die Berge in riesige Lichtkreise zerbarsten. Kreise gebärten Kreise – das Licht strahlte auf unsere Gesichter und die

Gebäude rings umher. Im innersten Kreis gewahrten wir eine majestätische, himmlische Gestalt, die in gleißende Gewänder gekleidet war. Die Gestalt war zuerst gigantisch groß, schien dann aber, als sie näher kam, auf Menschengröße zusammenzuschrumpfen. Die Gestalt hatte sich zur Seite gewandt, in Richtung des heiligen Busches. Die Vision war sehr deutlich, und man konnte alle Einzelheiten erkennen, aber sie dauerte nur einen winzigen Augenblick... Wenige Minuten später sahen Mister E. aus Oxford und einer der Jungen beim Zauntor die blasse Gestalt der heiligen Jungfrau in Licht getaucht und mit erhobenen Händen. Dies ist die letzte Vision, die uns durch Gottes Gnade gewährt wurde.

Tilly-sur-Seulles

Einige zweifelhafte Fälle wollen wir hier nicht besprechen: So Neuholz im Elsaß, wo 1871 drei kleine Kinder eine weiße Gestalt sahen, in der sie die Jungfrau Maria vermuteten und die ein Schwert gegen die Preußen geschwungen haben soll. Oder Marpingen im Rheinland, wo 1876 drei Kinder eine »weiße Frau« wahrnahmen und wo daraufhin in einer einzigen Woche 20 000 Menschen zusammenströmten und eine große Zahl von Heilungen stattfand. Oder Mettenbuch in Bayern, wo 1877 drei kleine Mädchen angaben, nicht nur die Jungfrau Maria und das Jesuskind, sondern auch noch eine Menge anderer biblischer Gestalten seien ihnen erschienen. Im folgenden soll nun aber ein anderer seltsamer und verwirrender Fall behandelt werden. (Die zuvor erwähnten Ereignisse können in Pater Herbert Thurstons ausgezeichneter Abhandlung über Marienerscheinungen[10] nachgelesen werden.)
Die Ereignisse von Tilly-sur-Seulles im Département Calvados (Frankreich) begannen im März 1896, als die an der Schule des Ortes unterrichtenden Nonnen und 50 bis 60

Schüler an einigen aufeinanderfolgenden Tagen Luftvisionen von der Jungfrau Maria hatten. Die Gestalt soll »über einem nahen Feld, in der Nähe einer großen Ulme« erschienen sein. Die Aussagen der Nonnen und der Kinder zum Geschehen wirken echt, obwohl natürlich Wiederholungen derselben Vision nicht so überzeugen, wie eine Folge verschiedener Visionen dies täte. Was an diesem Fall etwas verwundert, ist der Umstand, daß am selben Platz noch andere »Seher«, oft Fremde, die von den Erscheinungen gehört hatten und deshalb angereist waren, ebenfalls Visionen hatten. Einige berichteten von »normalen, religiösen« Erscheinungen, andere sahen den Teufel, die Hölle und allerlei seltsame Dinge. Oft vermutete man, solche Visionen habe der Teufel geschickt, während ja die ursprünglichen Erscheinungen immer als vom Himmel gesandt betrachtet wurden. Ungewöhnlicherweise waren die meisten der späteren Seher Erwachsene, die oft gleichzeitig in Ekstase und hysterieähnliche Zustände gerieten, später aber von verschiedenen Visionen berichteten. Eine der jüngeren »Zeuginnen«, die dreizehnjährige Jeanne Bellanger, hatte Trance-Zustände, in denen sie sich völlig zusammenkrümmte. Während sie kniete, konnte sie sich zurückbeugen, bis ihr Nacken auf den Stiefelabsätzen auflag. Der Anblick, den sie bot, war so schrecklich, daß es vielen Zuschauern ganz schlecht wurde. Leider wurden keine ernsthaften und objektiven Untersuchungen der Ereignisse in Tilly angestellt. Jetzt ist es dazu zu spät. Ich glaube, die erste Erscheinung und ihre Wiederholungen hätten ohne die späteren Szenen mehr Beachtung und Anklang gefunden. Die ganze Situation wird durch einen weiteren Umstand nur noch verworrener: der Okkultist Vintras, der mehr als ein halbes Jahrhundert zuvor gelebt hatte, soll vorhergesagt haben, daß der Ort einst Schauplatz von Erscheinungen Sein werde.

Die Auswirkungen von Beauraing

Wie vorher schon erwähnt, zogen Beauraing und in geringerem Maße auch Banneux bis zum Ausbruch des Zweiten Weltkriegs eine ganze Kette von Visionen und Sehern nach sich. Diese Art von »Enthusiasmus« hat möglicherweise dazu geführt, daß die Visionen unterbewertet wurden, denn man nahm keine von ihnen ernst. Das Interesse konzentrierte sich zunächst auf die wenigen Personen, die in Beauraing »geheilt« worden waren. Verläßliche Berichte sprechen von 150 000 Menschen, die unmittelbar nach den ersten Erscheinungen in die Stadt strömten.
Die erste größere Vision nach Banneux fand im September 1933 in Onkerzele (Flandern) statt, wo eine gewisse Leonie van Dyck eine Reihe von Erscheinungen hatte, in denen ihr die Jungfrau Maria erschien. Ungewöhnlicherweise hatte sie jedesmal ein anderes Aussehen. Die Jungfrau soll den kommenden Krieg und viel Unheil für Belgien vorhergesagt (was ziemlich genau stimmt, wenn es wirklich wahr ist), die Entdeckung einer Quelle bewirkt und den Bau einer Kapelle gefördert haben. Viele Tausend Menschen kamen nach Onkerzele, um dort zu beten.
Eine andere flämische Erscheinung wird im Oktober desselben Jahres aus Etikhove berichtet. Dort soll der Maler und Glaser Omer Eeneman »einen Feuerball, der aufbrach und eine menschliche Gestalt zum Vorschein brachte«, gesehen haben. Die Gestalt erschien später noch einmal mit einem Schriftzug an den Füßen und nahm, wie in Onkerzele, Stellung zum Zeitgeschehen. Weitere für diese schlimmen Jahre typische Visionen in Belgien ereigneten sich in Houlteau Chaineux und (eine ganze Reihe) in Melen bei Lüttich. Es kann mit Sicherheit behauptet werden, daß die Berichte im Verlauf der Zeit immer weniger überzeugen und die Erscheinungen, die sie beschreiben, immer unechter wirken.

Montichiari

Hier handelt es sich um einen besonderen Fall, von dem ich aus einer der außergewöhnlichsten Quellen erfuhr, zu denen ich Zugang hatte. Die einzige Zeugin ist die 1911 geborene Pierina Gilli. 1947 arbeitete sie als Krankenschwester in einem Hospital in Montichiari (Italien), als ihr die heilige Jungfrau, weinend, in Purpur gekleidet und in einen weißen Schleier gehüllt, erschien: »Ihre Brust durchbohrten drei lange Speere.« Ihre einzigen Worte waren: »Gebete, Opfer, Buße!«
Pierina hatte kurze Zeit darauf noch eine Vision. Diesmal gab ihr die Gestalt genaue Anweisungen für eine »wirkungsvollere Marienverehrung in Schulen und Glaubensvereinigungen«. Sie nahm wohl vor allem an der Vernachlässigung der kirchlichen Lehre und den schlechten Sitten in den Klöstern Anstoß. Eine weitere Erscheinung soll am 13. Januar 1951 stattgefunden haben, wobei fast dieselben Worte fielen. Pierina berichtet auch von einem Chor der Engel, den sie habe singen hören.

Ohio

Die Zeitschrift *Michael Fighting*, die vierteljährlich in bedeutender Auflage erscheint, enthält zahlreiche Berichte über Visionen, die sonst weniger bekannt sind. Leider liegt das Hauptinteresse auf den übermittelten Botschaften und nicht auf den Sehern und den Umständen, unter denen die Visionen stattfanden. So werden z. B. die Visionen von Kerizinen in Brittany, die sich 1955 ereigneten, erwähnt, aber keinerlei Fakten geliefert, die es wert wären, hier wiedergegeben zu werden. Ein Fall, der etwas ausführlicher beschrieben wird, handelt von Erscheinungen »Unserer Lieben Frau von Amerika«, die eine Ordensnonne in Ohio (USA) hatte. Einiges deutet darauf hin, daß sich die

Ereignisse in der Gegend von Cincinnati zutrugen. Die Nonne soll über ein ganzes Jahr hinweg »Losungen« oder Botschaften von verschiedenen Gestalten der Bibel empfangen haben. Die Jungfrau Maria erschien ihr zum erstenmal am 25. September 1956. Bis 1980 hatte sie weitere Erscheinungen. Die Beschreibung der Muttergottes gleicht vielen anderen, wobei die Nonne aber besonderes Augenmerk auf ihr Herz legte, das »als Zeichen ihres Leidens, wie mir offenbart wurde, mit roten Rosen umkränzt war und Feuerflammen aussandte«. Ihre Botschaften sind typisch für die Nachkriegszeit, voll von Ankündigungen von Strafen, Leiden und Unglück für den Fall, daß sich die Menschen und die Kirche nicht bessern.

Mariamakk

Für die Echtheit der folgenden Geschichte möchte ich nicht die Hand ins Feuer legen. Ich zitiere sie aus dem *Michael Journal,* aber ursprünglich erschien sie in den *Recueil Marial* eines gewissen Bruder Albert. Im Original ist die Geschichte überschrieben: »Sie ist es, die mich aus Sibirien zurückgebracht hat.«

Seit vielen Jahren schmachtet Janos in einem Lager in Sibirien. Wenn ihn nicht der Gedanke an seine liebe Ilona Helen aufrecht hielte, wäre er schon längst verzweifelt. Dank ihr ist ihm ein Schimmer Hoffnung geblieben. Er fängt an, die Gebete seiner Jugend zu sprechen. Das macht ihm Mut. Sein Glaube an Gott und sein Vertrauen in die »Große Frau der Magyaren« werden mit einem immer stärkeren Glauben und einer unbesiegbaren Hoffnung belohnt.
In einer Sommernacht 1958 spürt Janos, wie ihn jemand am Ärmel zupft, und eine Stimme sagt zu ihm: »Steh auf, zieh deine Kleider an!« – »Was sagst du?« Die Stimme

wiederholt: »Steh auf, zieh deine Kleider an! Zieh deine Knobelbecher an!«
Janos tut, wie ihm geheißen. Niemand in der Baracke wacht auf. »Komm«, sagt die Stimme, und Janos fühlt, wie jemand an seinem Arm zieht. Die Tür knarrt, als sie sich öffnet. Zehn Schritte entfernt steht ein Wachtposten mit geschultertem Maschinengewehr. Er sieht nichts, er hört nichts... Janos und sein geheimnisvoller Führer eilen auf das Lagertor zu. Suchscheinwerfer leuchten auf und erhellen das Lager. Geblendet bleibt Janos im Lichtkegel stehen. Aber sein Führer sagt ihm mit ruhiger Stimme: »Komm, hab keine Angst.« Da sieht Janos im Scheinwerferlicht zum erstenmal den Führer, der ihn aus dem Lager leitet: vor ihm steht eine große Frau, die in einen tiefblauen Umhang gehüllt ist. Ihr schneeweißes Gesicht ist von einzigartiger Schönheit. Plötzlich verlöschen die Lichter, und die zwei Posten, die den Lagereingang bewachen, können nichts mehr sehen. Mühelos öffnet die Frau das große Tor. Janos glaubt, vor Angst sterben zu müssen.
»Komm schnell«, sagt die Frau. Sie schließt das Tor ohne Hast, als wäre es bei Tage. Sie überqueren schnell den öffentlichen Platz, um zum nächsten Bahnhof zu gelangen. Zweimal begegnen sie einer Patrouille, die keinen Verdacht schöpft. Am Bahnhof angekommen, sagt die Frau: »In zwei Minuten wird ein Güterzug einlaufen. In der Mitte befindet sich ein Personenwaggon. Dort steig ein, du wirst keine Fahrkarte und keinen Ausweis benötigen.« Dann reicht ihm die Frau ein Bündel und sagt: »Das wirst du auf der Fahrt brauchen.« Und sie fügt hinzu: »Auch in Budapest wird alles gutgehen.« Der Zug läuft ein. Während Janos die Frau noch anblickt, verschwindet sie plötzlich zu seinem großen Bedauern. Er hätte ihr so gerne noch gedankt und Lebwohl gesagt.
Der Zug hält, und Janos steigt ein. Nur wenige Reisende: sie schlafen. Ein Kontrolleur kommt vorbei. Er bleibt vor Janos stehen, sagt aber nichts. Janos fragt sich, ob er

träumt: alles erscheint ihm rätselhaft. Jedesmal, wenn ein Kontrolleur in den Wagen kommt, glaubt Janos vor Angst sterben zu müssen, aber jedesmal scheint der Kontrolleur ihn zu übersehen.
Langsam beginnt sich Janos zu entspannen. Er öffnet das Bündel, das die Frau ihm gegeben hat, und findet darin Brot, Käse und Fleisch. Im Waggon gibt es Wasser. Die Reise dauert vier Tage und vier Nächte, aber schließlich ist die ungarische Grenze da, und Janos muß umsteigen. Es verläuft alles problemlos, im Zug, auf dem Bahnhof, in den Straßen von Budapest. Keiner scheint ihn zu beachten. Das ist komisch, denn seine Sträflingskleidung und seine großen, eisenbeschlagenen Schuhe müßten doch Aufmerksamkeit erregen.
Es dämmert, als Janos sein Haus erreicht. Würde Ilona, seine Frau, noch dort wohnen? Er läutet. Eine fremde Frau erscheint in der Tür. »Wohnt Frau Ilona Balogh noch hier?« – »Ja, aber in der Dachstube. Sie kommt in einer halben Stunde zurück.« Als die Frau den seltsamen Aufzug des Fremden bemerkt, fragt sie ihn vorsichtig: »Wissen Sie vielleicht etwas über Herrn Janos Balogh? Wissen Sie, daß er seit mehr als zwölf Jahren verschwunden ist? Seine Frau Ilona hofft immer noch, daß er einmal zurückkehrt. Fast jeden Tag geht sie zur Mariamakk, um für seine Rückkehr zu beten. Sicher ist sie auch heute dorthin gegangen.«
Janos antwortet nicht und gibt sich nicht zu erkennen. Er bleibt draußen auf der Straße stehen. Eine halbe Stunde später kommt Ilona zurück. Er erkennt sie sofort. »Ilona!« ruft er. – »Janos, o Janos! Ich wußte, du würdest zurückkehren!«
Am nächsten Tag gehen sie zusammen zur Mariamakk, um Maria, der Helferin der Gefangenen, zu danken. Janos war nie dort gewesen, und als er die Madonnenstatue sieht, ruft er aus: »Aber das ist sie! Ja, ich erkenne sie! Sie ist es, die mich aus Sibirien zurückgebracht hat.«

Eine Zeitoun-Erscheinung

Zeitoun

In krassem Gegensatz zum vorhergegangenen Fall – über dessen Glaubwürdigkeit man zugegebenermaßen streiten kann, der einem aber dafür die menschliche Seite, die bei den Schilderungen oft fehlt, etwas näher bringt – stehen die Massenerscheinungen von Zeitoun, einem Vorort von Kairo in Ägypten. Viele sind der Meinung, daß diese Erscheinungen sehr bedeutend sind, aber was ihre Glaubwürdigkeit anbelangt, bin ich sehr skeptisch. Das Beispiel einer der Gestalten, die dort erschienen sein sollen, kann stellvertretend für das Ganze gelten. Dennoch möchte ich einige Bemerkungen zu Zeitoun machen.

Die Visionen dauerten vom 2. April 1968 bis weit in das Jahr 1971. Im ersten Jahr fanden sehr häufig Erscheinungen statt, die dann aber im Verlauf des Jahres bis auf ungefähr eine im Monat abnahmen. Es stimmt wohl, daß über eine Million Menschen die Ereignisse verfolgten.

Trotzdem gibt es nur weniger als hundert Augenzeugenberichte. Die Fotos sind meistens von bescheidener Qualität und ziemlich unscharf, und einen Film konnte ich auch nicht finden. Es gibt eine Handvoll Bücher zu diesem Fall, aber keines setzt sich wirklich ernsthaft mit dem Gehalt der Visionen auseinander. Wären die Erscheinungen berühmt geworden, wenn man mehr über sie berichtet hätte? Sie hätten ein Meilenstein auf dem Gebiet übernatürlicher und religiöser Erfahrungen sein können. Das sind sie aber nicht.

Obwohl es sich um Phänomene handelt, die mehr als einmal in aller Öffentlichkeit stattfanden – und dies in einem zivilisierten Land –, gebe ich offen zu, daß ich nicht verstehe, was sich in Zeitoun tatsächlich abspielte. Genausowenig begreife ich, warum es keine Filme gibt, warum die Massenmedien so wenig Interesse zeigten und warum so wenige Menschen über ein doch offensichtlich so großes Ereignis Bescheid wissen. Die Erscheinungen ereigneten sich auf dem Dach der koptischen St.-Marien-Kirche von Zeitoun, einem imposanten Gewölbebau. Gegenüber dem Gotteshaus befand sich eine Autowerkstatt, die wahrscheinlich niedergerissen wurde, um – gegen ein kleines Entgelt – mehr Platz für Zuschauer zu schaffen. Der erste Bericht, den ein paar Arbeiter der Werkstatt abgaben, kann auch für die nachfolgenden als typisch gelten. Die Männer sahen eine weibliche, in Weiß gekleidete Gestalt, »die neben dem Kreuz auf dem Dach des Domes kniete«. Es sah so aus, als wolle die Frau herunterspringen und Selbstmord begehen. Jemand rief die Feuerwehr. Dann stand die Gestalt auf und ein Beobachter schrie: »Die Jungfrau Maria!« Gleich darauf flogen leuchtende Vögel – möglicherweise Tauben – um den Kopf der Gestalt. Dann hüllte sich die ganze Szene in Dunkelheit.

Einige Berichte sprechen von Zeugen, welche die Erscheinung nur »blitzartig« wahrnahmen – fast hat man den Eindruck, daß es sich nicht um ein objektives Erlebnis handelte, sondern um eines, das sich nur nach langem und regelmäßigem Warten und Beobachten einstellte und dann in Form von »Blitz-Erscheinungen« stattfand. Viele Leute reisten nach Zeitoun, warteten nächtelang auf ein Ereignis, sahen aber nie etwas. Es schien kein logisches oder vorhersehbares Schema der Erscheinungen zu geben. Eine Untersuchungskommission, die vom koptischen Papst Kyrillos VI. (nicht vom Papst in Rom, wie manchmal behauptet wird) geleitet wurde, beschäftigte sich mit den Visionen und kam zu dem Schluß, daß es sich tatsächlich um Erscheinungen der Jungfrau Maria handelte. Der koptische Bischof Samuel berichtet über eine der ersten Visionen:

Um 2.45 Uhr am Morgen erschien die heilige Jungfrau mit einem intensiv leuchtenden Körper, als ob sie eine strahlende oder phosphoreszierende Statue wäre. Nach einer Weile verschwand die Erscheinung. Sie kam um 4 Uhr wieder und blieb bis um 5 Uhr – bis zur Morgendämmerung. Die Szene war überwältigend und großartig. Die Erscheinung schritt in Richtung Westen, wobei sie manchmal die Hände wie zum Segen erhob und dann und wann winkte. Ein strahlender Heiligenschein umgab ihr Haupt. Ich erblickte einige glitzernde Gebilde um die Erscheinung. Sie sahen aus wie Sterne und waren ganz blau...

Wie schon erwähnt, gibt es viele Schilderungen, aber fast keine weicht vom Bericht des Bischofs ab: man hatte den Eindruck von einer belebten Statue – die manchmal mit einem kleinen Kind auf dem Arm erschien – und glaubte vogelartige, leuchtende Wesen zu erkennen, die das Auftreten der Erscheinung ankündigten und sie begleiteten. Es gibt ein paar überzeugend klingende Berichte von Heilungen, aber es steht fest (obwohl sich die Visionen nicht wie üblich in der katholischen Lebenswelt abspielten), daß sowohl Katholiken als auch einige bekannte Parapsychologen nur allzu bereit waren, sie ohne große Nachforschungen anzuerkennen. Wir finden Ähnlichkeiten mit den Ereignissen in Knock von 1879, aber alles in allem scheint uns das Verhalten der Muttergottes in Zeitoun doch recht ungewöhnlich. Während keiner der Erscheinungen gab die Gestalt auch nur ein Wort von sich.

Bayside, New York

Die traurige Geschichte von Veronica Leuken, der »Seherin von Bayside«, ist höchstwahrscheinlich wahr. Ein Freund von mir besuchte 1979 ein paar von ihren Anhängern. Veronica behauptet, seit 1968, als ihr die heilige Teresa erschien, Visionen gehabt zu haben. Die erste Erscheinung »unserer Lieben Frau«, wie sie die Vision nennt, fand am 7. April 1970 statt. Danach ereigneten sich Visionen auf dem Grundstück einer alten Dorfkirche und später in dem bekannten *Vatican Pavilion Site* im Park von Flushing Meadow. An diesen Orten empfing Veronica, und zwar nur sie, unzählige Botschaften und hatte Erscheinungen von einer Vielzahl von biblischen Gestalten, vor allem aber von Christus und Maria. Die Verbreitung dieser Botschaften durch die Zeitschrift *Roses*, die regelmäßig in großer Auflage erscheint, ist ein gutes Beispiel für moderne Kommunikation. Wo immer in der Welt ich mit traditionalistischen katholischen Kreisen Kontakt aufnahm, wurden mir die neuesten Ausgaben von *Roses* zugesandt. Die meisten Hefte sind voll von Warnungen vor Sittenverfall, Pornographie, liberalem Katholizismus, betrügerischen Päpsten, liederlichen Kardinälen, dem Satan usw., die Veronica angeblich in Form von Botschaften von Maria, Jesus und anderen erhielt. Obwohl es im Park von Flushing Meadow teilweise zu beträchtlichen Menschenaufläufen kam, scheint es effektiv nur wenige Personen zu geben, die Veronica Leuken aktiv unterstützen. Da die Frau mehrere

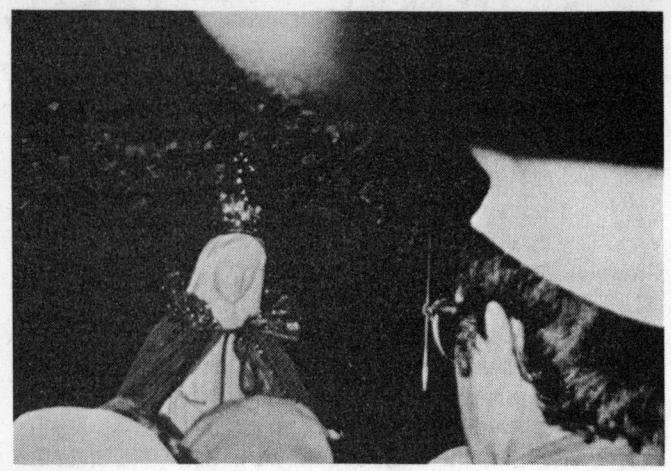
Die »Kugel der Vergeltung« in Bayside, New York

Jahre lang ernsthaft krank war, scheint sie in der heutigen Organisation nur noch eine untergeordnete Rolle zu spielen.
Das Außergewöhnlichste an den Ereignissen von Bayside sind wahrscheinlich die Polaroid-Aufnahmen, die mit Kameras gemacht wurden, die Veronica von ihren himmlischen Besuchern hatte segnen lassen (s. Abbildung). Auf den Fotografien soll man als Vorwarnung die »Kugel der Vergeltung« erkennen können, die die Welt zerstört, wenn sich die Menschen nicht bessern. Manche halten die »Kugel der Vergeltung« für den Schatten eines Daumens oder Zeigefingers, den der Fotograf vor die Linse hielt. Diese Erklärung wird von Veronica Leukens Anhängern natürlich nicht akzeptiert.

Citluk

Während ich dieses Buch schreibe, sind zwei recht bedeutende Serien von Erscheinungen noch aktuell. Fälle, die einen Anspruch darauf haben, ernst genommen zu werden, findet man nicht viele. In einem der beiden Fälle handelt es sich um das kleine Dorf Medjugorje bei Citluk in Jugoslawien. Die Erscheinungen haben die kommunistischen Behörden ziemlich beschäftigt und großes Aufsehen in der Gegend erregt. Es handelt sich um einen typischen Fall. Die erste Vision fand am 24. Juni 1981 statt: sechs Kinder – vier Mädchen und zwei Jungen –, die zwischen 10 und 17 Jahre alt waren, sahen auf einem Hügel in der Nähe des Dorfes Maria mit dem Jesuskind auf dem Arm. Einer der Jungen beschrieb die heilige Jungfrau: »Sie trug graue Gewänder, die ihr bis zum Knöchel reichten. Um die Schultern hatte sie einen weißen Umhang, und auf dem Kopf trug sie eine glitzernde Sternenkrone.« Sie soll »über die Wiese geschwebt« sein.

Es wird uns mittlerweile nicht mehr überraschen, daß die Kinder am nächsten Tag sofort wieder zum Ort der Erscheinung zurückkehrten und daß die Gestalt mit einer Unterbrechung von vier Tagen fünf Monate lang täglich erschien. Gebete, Buße und Fasten sollen in den Botschaften verlangt worden sein, und angeblich wurden den Kindern fünf Geheimnisse anvertraut. Letztere sind wahrscheinlich bereits an den Papst weitergeleitet worden. Ab November sperrten die Behörden den Zugang zum ursprünglichen Erscheinungsort. Danach sollen die Visionen im Haus der Kinder und in der Dorfkirche stattgefunden haben. Angeblich versammelten sich zeitweise bis zu 30 000 Menschen auf der Wiese, und es war auch von Heilungen die Rede. Alle Kinder sollen von der Gestalt zum Eintritt in ein Kloster, bzw. zur Ergreifung des Priesterberufes aufgefordert worden sein, und wie in Garabandal wurde ein »deutliches Zeichen« angekündigt für einen Moment, »in dem man es am wenigsten erwartete«. Auf die Frage der Kinder nach ihrem Namen hat sich die Gestalt als die »Friedenskönigin« bezeichnet. Heute ist noch nicht klar, wie sich die Erscheinungen weiter entwickeln werden – sie scheinen sehr eng mit der Sache und den Verteidigern der kroatischen Nationalbewegung in Verbindung zu stehen.

La Talaudiere

Dieser kurz zurückliegende Fall fasziniert uns gleich in zweifacher Hinsicht. Zum einen nur für sich genommen, zum andern aber, weil er die Aufmerksamkeit von französischen Forschern aus dem paranormalen Bereich erregte, die umfangreiche Hintergrundinformationen erarbeiteten, die in anderen Fällen leider oft fehlen. Die einzige Zeugin ist die vierzehnjährige Blandine Piegay, das jüngste von fünf Kindern eines arbeitslosen Bergarbeiters, der nach einem Unfall nahezu blind ist. Die Familie soll streng katholisch sein, und Blandine wird als ein sehr »gefühlsbetontes« Mädchen beschrieben.
Zunächst soll sich eine Reihe poltergeistähnlicher, physikalischer Störungen im Haus der Piegays ereignet haben, die in Verbindung mit Blandine standen. Danach, im Oktober 1981, berichtete Blandine, sie sei von einer sonst unbekannten Heiligen, Nicole, besucht worden, die im Alter von 14 Jahren gestorben und nun ein Engel sei. Nicole sagte, daß 3 Wochen später Blandines Menstruation einsetzen würde und daß die Störungen danach aufhörten. Sie sagte auch, daß Blandine danach die »Mutter des Erlösers« besuchen würde.
Am 31. Oktober 1981 erschien Blandine in der Küche ihres Elternhauses die heilige Jungfrau. Sie befahl dem Kind, die Eltern aus dem Raum zu schicken, und teilte ihr dann mit, sie käme am Samstag wieder. Bei dieser oder einer frühe-

ren Vision war die Rede von insgesamt 90 Erscheinungen. Die Visionen fanden immer Samstagnachmittags gegen 5 Uhr daheim statt. Zahlreiche Botschaften wurden übermittelt. Die meisten lauteten ähnlich wie die Botschaften, die wir schon kennen, und enthielten die üblichen Warnungen: »Wenn die Welt weiter Gott beleidigt, werde ich meinen Sohn nicht aufhalten können. Strafe wird über euch kommen. Es wird Kriege geben.« Wie in vielen anderen Fällen wurden bestimmte Dinge verlangt, wie das Beten des Rosenkranzes und der Bau einer Kapelle oder Kirche, die »Notre Dame de Talaudiere« genannt werden sollte.

Im Mai 1982 nahm die Häufigkeit der Visionen zu. Die Erscheinungen fanden von jetzt ab an Tagen mit ungeradem Datum statt. Während der 34. Vision sagte die Muttergottes, sie werde zu Ostern im Garten der Familie erscheinen – jetzt weithin bekannt als »das Kohlbeet«, nachdem eine Presse-Schlagzeile »Die heilige Jungfrau und das Kohlbeet« gelautet hatte. Ein Brief, in dem Blandines Mutter die Vorkommnisse im Haus beschreibt, wurde vervielfältigt und verteilt. Als Folge davon versammelten sich am Nachmittag des Ostersonntags zwischen 3000 und 5000 Menschen vor dem Haus der Piegays. Leider wurde die Menge zunächst einmal enttäuscht. Blandines Vater wandte sich an die Menschen und sagte, da sie aus Schaulust und nicht aus Frömmigkeit gekommen seien, würden in Zukunft alle Visionen innerhalb des Hauses stattfinden. Was darauf passierte, lassen wir uns am besten von dem englischen Forscher Hilary Evans erzählen:

Nicht alle Menschen nahmen so schnell die Enttäuschung hin. Viele starrten in die Sonne, obwohl sie vom kommunistischen Bürgermeister Pierre Damon, der mit einem Lautsprecher durch die Menge lief, davor gewarnt wurden, in die Sonne zu blicken. Diejenigen, die es trotzdem taten, wurden dafür belohnt. Sie konnten vor der Sonne ein Kreuz wahrnehmen. Die Sonne selbst drehte sich und wechselte die Farbe von Violett über Rot zu Grün. In den folgenden Tagen mußten sich etwa 30 Personen wegen Augenschäden in ärztliche Behandlung begeben.

Sowohl der Dorfpfarrer als auch der Bischof von St. Etienne stehen den Visionen, sicher nicht ohne Grund, skeptisch gegenüber und haben sie nicht offiziell anerkannt. Immer noch kommen Pilger, wenn auch nur in geringer Zahl, und man weiß nicht, was sich wirklich in dem Haus abspielt. Leider haben wir auch bei diesem zeitgenössischen Fall genausowenig detaillierte Informationen über die Visionen wie bei Fällen, die über ein Jahrhundert zurückliegen. Dieses Problem scheint unvermeidbar zu sein, wenn man sich mit einem solchen Gegenstand beschäftigt. Ich hoffe auf einen Fall, in dem es Wissenschaftlern möglich sein wird, sich an der Dokumentation über eine Reihe von Visionen zu beteiligen. Die Zeit ist reif für eine solche Untersuchung – alles was wir brauchen, ist der Ort und die Gelegenheit.

II

Auswertung des Beweismaterials

In diesem Buch geht es um Beweise, nicht um Spekulationen. Nachdem wir nun die wichtigsten Fakten über die acht bedeutendsten Visionen der vergangenen zwei Jahrhunderte zusammengetragen haben, ergibt sich die Notwendigkeit, die Beweismomente sinnvoll zu interpretieren, eine mögliche Erklärung zu liefern und festzustellen, ob mit einer Erklärung die ganze Palette von Fällen abgedeckt werden kann. Es soll betont werden, daß diese Fälle nur die Spitze eines Eisbergs darstellen. Allein in der Zeit zwischen 1830 und 1982 scheint es weit über 200 verschiedene Orte von Marienerscheinungen in der ganzen Welt gegeben zu haben. Und das sind nur die Visionen, die von den Massenmedien und von Autoren wie mir bekanntgemacht wurden: es muß unzählige mehr geben, von denen man aus dem einen oder anderen Grund nichts erfuhr. Unter den 200 gibt es zweifellos viele »schwache« Fälle und einige, die nie Glaubwürdigkeit erlangten, wie z. B. die der »Pseudo-Seher« in Lourdes. Nahezu zwanzig andere Personen, meistens junge Mädchen, behaupteten, ähnliche Visionen wie Bernadette Soubirous gehabt zu haben. Sie wurden nie ernst genommen (für junge Mädchen sind solche Hysterien typisch). Trotzdem erscheinen sie immer noch in den Listen von Visionen und Sehern. Daneben gibt es viele äußerst obskure Berichte, und wenn man noch die Unmenge von Visionen in Betracht zieht, die angeblich in Garabandal, Zeitoun oder an anderen Wallfahrtsorten stattfanden, wird die Reichweite des Phänomens erst recht deutlich.

Angesichts einer solchen Menge von Beweismaterial wäre es unsinnig zu sagen, daß alle, die behaupten, Visionen gehabt zu haben, einfach Lügner sind, daß alle Seher nichts anderes im Sinn hatten, als Beweise zu fabrizieren und sowohl Gläubige als auch Wissenschaftler an der Nase herumzuführen. Etwa ein Viertel der Fälle spielt in Frankreich, ein weiteres Viertel in Italien. Wenn wir die Geschichte der Visionen speziell in diesen Ländern betrachten, gibt es keinerlei Anzeichen dafür, daß es sich bei den Sehern um Lügner handelte oder daß die Visionen gerade solche Leute anzogen, die gewohnheitsmäßig lügen. Für einige Fälle kann zwar nachgewiesen werden, daß man aus den Ereignissen Profit schlug (die hohen Preise, die man in Knock für die Unterkünfte verlangte, sind ein Beispiel dafür), aber dies brachte den Sehern selbst selten etwas ein.

Wenn wir akzeptieren, daß die Zeugen auf alle Fälle keine Schwindler waren, dann muß es eine Erklärung für das geben, was die Seher als echte Erlebnisse bezeichneten. Es herrschen, grob gesagt, zwei Meinungen vor: entweder erschien die Jungfrau Maria tatsächlich, oder sie erschien nicht. Dies bringt uns zu der Frage zurück, die ich in der Einleitung aufgeworfen habe: Was beweist die Glaubwürdigkeit, wenn sie einmal festgestellt wurde? Beweist sie, daß die Seher Visionen hatten, von denen sie glaubten, daß es sich um die Jungfrau Maria handle? Oder beweist sie, daß ihnen die Jungfrau Maria tatsächlich erschien?

Die am weitesten verbreitete Auffassung ist eindeutig die zweite. Diese Auffassung wird von der römisch-katholischen Kirche geteilt, wenn auch nicht offiziell vertreten, und an sie glauben Millionen von Menschen. Wenn sie sich als wahr und beweisfähig herausstellen sollte, würde dies etwas sehr Wichtiges über den Sinn und Zweck unseres irdischen Daseins aussagen. Mit dieser Auffassung nimmt man an, daß es eine direkte, physikalische Verbindung, einen »Draht« zwischen Himmel und Erde, Gott und den Menschen gibt. Die katholische Theologie geht in der Tat davon aus, daß es einen solchen »physikalischen Transfer« mindestens in einer Richtung gibt. Wir zitieren Leo Trese in *The Faith Explained* (Die Erklärung des Glaubens): »Im vierten Mysterium des Rosenkranzes und jährlich am Fest der Himmelfahrt feiern wir das Ereignis, daß sich Marias Leib nach dem Tode im Himmel mit ihrer Seele wieder vereinte.«

Um es in einfachen, nicht-theologischen Worten auszudrücken: eine solche »Reise« ist nicht nur möglich, sondern wenn die Muttergottes körperlich vom Himmel wiederkehren *will*, dann hat sie, und nur sie, eine körperliche Form, um zu erscheinen. Und wenn man akzeptiert, daß diese »Reise« in einer Richtung stattfinden kann, warum sollte sie dann nicht auch in die andere Richtung möglich sein?

Die theologische Möglichkeit ist eine Sache, ob ein solches Ereignis tatsächlich stattgefunden hat, eine andere. Wenn sich nur eine wirkliche, körperliche Erscheinung Marias vor den Augen auch nur eines Zeugen abspielte, läßt sich dies dann wissenschaftlich nachvollziehbar erklären? Dürfen wir noch einen Schritt weitergehen, das Ereignis einfach *glauben* und dann eine plausible Erklärung dafür finden, *wie* es dazu kam? Ich meine, das dürfen wir nicht. Wenn die Erfahrungen der Seher echt waren, wenn die Jungfrau Maria tatsächlich körperlich erschien, dann muß dies auf eine Art und Weise geschehen sein, die sich unserem Verständnis entzieht. Wir hätten es nicht nur mit göttlichem Einfluß, sondern mit direktem, göttlichem Handeln zu tun. Vielleicht ist das der Grund, warum die Bischöfe, die beauftragt sind, zur Glaubwürdigkeit bestimmter Visionen Stellung zu nehmen, dies mit so vagen Formulierungen tun. Der Bischof von Leiria (ein mehr oder weniger eigens zu diesem Zweck eingerichtetes Amt) schreibt enthusiastisch über Fatima:

Wir freuen uns, für glaubwürdig zu erklären erstens die Visionen der Schäfer bei der Cova da Iria in der Gemeinde Fatima dieser Diözese, die am 13. Tag der Monate Mai bis Oktober 1917 stattfanden.

Und zweitens die Verehrung »Unserer Lieben Frau von Fatima« offiziell zu erlauben.

Der Bischof von Lüttich äußert sich zu den Geschehnissen von Banneux in noch lebhafteren, aber fast genauso vagen Worten:

Wir sind der vollen Überzeugung, daß wir diese Tatsachen ohne Einschränkung anerkennen können und sollen; insbesonders die Echtheit der acht Erscheinungen der heiligen Jungfrau, die Mariette Beco am 15., 18. und 20. Januar, am 11., 15. und 20. Februar und am 2. März 1933 zuteil wurden.

Der herkömmliche religiöse und theologische Zugang zum Problem hilft uns wenig bei dem Versuch, den Sinn und Aussagewert der Beweismomente herauszubekommen. Es ist nur ein Weg – ein sehr naheliegender Weg –, Phänomene anzugehen, die unsere normale Welt überschreiten, aber ohne Glaube und Vertrauen funktioniert diese Methode nicht. Ich meine, wir sollten uns an eine genaue Analyse der Beweismomente machen und uns dabei von der Vermutung leiten lassen, daß wir nach einer Kraft oder Intelligenz suchen, die über menschliche Begriffe hinausreicht. Ein Detektiv sucht zur Feststellung der Wahrheit nach Beziehungen, Ähnlichkeiten und individuellen Merkmalen. Könnte nicht eine ähnliche Vorgehensweise auch im Fall des Beweismaterials, das uns zur Verfügung steht, zu eindeutigen Schlüssen führen?

Die Glaubwürdigkeit der Zeugnisse

1. Die Ankunft

Die Art der Ankunft oder des Erscheinens der Visionen ist unterschiedlich. In den meisten »privaten« Fällen ging sie unerwartet, oft im Innern eines Hauses vor sich. In den größeren, allgemein anerkannten Fällen dagegen spielten sie sich meistens im Freien ab. Bei einem Großteil der Fälle finden wir in der Anfangsphase das Element »Licht« oder »Helligkeit«. Es geht den Erscheinungen, die bei Tage stattfinden, voran und macht nächtliche Erscheinungen überhaupt wahrnehmbar. Ebenso gibt es häufig Lichteffekte, die in der Nähe der Gestalten auftreten oder sie erstrahlen lassen. Oft wird »Bewegung« aus der Anfangsphase von Visionen berichtet. Es gibt keine zwei Fälle, die sich völlig gleichen, aber eines taucht bei allen auf: der deutliche Eindruck, daß eine enorme Menge von Energie freigesetzt wird. Trotzdem kann keine klare Übereinstimmung unter den Fällen festgestellt werden.

2. Der Abgang

Er vollzieht sich oft auf merkwürdige Weise, bei der es an jeder Logik zu fehlen scheint. In La Salette verschwand die Frau vom Kopf abwärts und hinterließ nur ein Glänzen. In Lourdes war es ein plötzliches Verblassen. In Pontmain vollzog sich der Abgang wieder anders – Eugène beschreibt so schön, wie die Frau in einer Art Tasche verschwand. Wie die Erscheinungen von Knock endeten, hat keiner beschrieben, obwohl dies ein wichtiger Punkt gewesen wäre. In Fatima sahen die Kinder, wenn auch vielleicht nicht die anderen Augenzeugen, wie die Gestalt plötzlich verschwand. In Beauraing scheint sie unvermittelt und häufig gekommen und wieder gegangen zu sein.

In Banneux soll die Erscheinung beim ersten Mal schon da gewesen sein, noch bevor Mariette sie wahrnahm. In anderen Fällen schwebte die Gestalt vom Himmel herab. Die Berichte über den Abgang der heiligen Jungfrau sind nicht so vollständig, wie man sich das wünschen würde, aber ich glaube, daß wir aus diesem uneinheitlichen Beweismaterial sowieso nicht viel herausholen könnten.

3. Wie die Visionen aussahen

In den meisten Fällen haben wir eine klare und gründliche Beschreibung vom Aussehen der Erscheinungen. Oft haben die Zeugen mehr auf die Kleidung als auf andere Merkmale geachtet. Zweifellos haben Geschichte und Tradition viel dazu beigetragen, die Vorstellungen zu formen, die wir uns heute von vielen Erscheinungen machen – dies gilt besonders für Lourdes, wo sowohl ihr Alter als auch ihr Aussehen sich völlig gewandelt haben. Die Beschreibungen der Kleider und des Gesichtes der Gestalt haben alle etwas Gemeinsames: meistens wird eine junge Frau mit angelsächsischem Gesicht und Auftreten geschildert, die blaue und weiße Gewänder, einen Schleier und häufig eine Krone oder einen Heiligenschein trägt. Natürlich hat sich dieses Bild über die Jahrhunderte hinweg etwas verändert. Es gibt wenig Ähnlichkeiten zwischen dem jungen, mexikanischen Mädchen in Guadalupe, dem Teenager, der zuerst in Lourdes erschien, und der ernsten, ziemlich vornehmen Besucherin in Garabandal. Und selbst wenn die Unterschiede geringer sind, wie in der Kleidung oder im Schmuck, gibt es doch nicht zwei Visionen, die sich völlig gleichen. Wenn wir über Besucherinnen der Seher von Fleisch und Blut sprechen, müssen wir dann auch eine Art himmlischen Kleiderschrank mit einer entsprechenden Garderobe vermuten, die von den Visionen über die Jahre hinweg getragen wurde?

Solche Veränderungen in der Kleidung werden einen Gläubigen nicht stören – im Gegenteil, sie werden für ihn das Wunder der Erscheinung nur noch größer machen. Die meisten Personen, die sich mit Berichten über visionäre Erfahrungen im übernatürlichen oder religiösen Bereich beschäftigen, erkennen allerdings spätestens hier ein subjektives Element in dem, was die Seher erleben. Um es ganz einfach auszudrücken – das Erlebnis selbst, ebenso wie die Gespräche, die dabei stattfinden, kann echt sein. Aber die Vision, die Art, in der das Phänomen oder die Kommunikation vom Seher wahrgenommen wird, könnte ein Produkt der Einbildung des Zeugen sein, ein Versuch, dem, was er sieht, einen Sinn zu geben, weil wir Menschen nun einmal nicht gewöhnt sind, mit Wesen zu sprechen, die wir nicht anfassen können! Dieser Gedanke könnte auch die außerordentliche Schönheit der Gestalten, wie sie von den Zeugen immer wieder beschrieben wird, erklären, wenn auch jeder Seher einen anderen Begriff von Schönheit hat. Welcher Gläubige würde nicht instinktiv der Jungfrau Maria die größte Schönheit beilegen? Aber wie viele Menschen haben denn genau dieselbe Vorstellung von Schönheit? Wenn wir uns allerdings auf den Standpunkt des Detektivs und nicht des Gläubigen stellen, müssen wir feststellen, daß das Beweismaterial eindeutig darauf hinweist, daß wir es bei den geschilderten Gestalten nicht mit ein und demselben Individuum zu tun haben können.

4. *Der Inhalt der Gespräche – und die stummen Erscheinungen*

Es gibt nur zwei bedeutende, stumme Erscheinungen: die von Knock und die von Zeitoun. Beide sind irgendwie mysteriös. Ich erwarte ja nicht von einer Erscheinung, daß sie sich logisch oder auf eine Art verhält, die einem modernen Europäer verständlich ist. Aber Schweigen teilt überhaupt nichts mit, wenn es, wie in dem einen Fall, mit völliger Reglosigkeit gepaart ist oder, wie in dem andern, die Gestalt über ein Kirchendach spaziert, von wo aus sie ab und zu herunterwinkt. Es kann schon sein, daß diejenigen recht haben, die in solcher Stummheit eine besondere Bedeutung sehen. Aber die stummen Erscheinungen führten bisher nur zu Verwirrung und tiefem Mißtrauen bei vielen Kommentatoren.

Bei der Mehrzahl von Visionen fanden wie bei Erscheinungen anderer Art in anderen Teilen der Welt Gespräche statt. Diese wurden gewöhnlich in direkter Rede gehalten, aber in etlichen Fällen erschienen nach dem Muster von Pontmain auch »geschriebene« Worte vor irgendeinem Hintergrund.

Man sollte annehmen, daß der Inhalt des Gesprochenen das wichtigste Zeugnis darstellt, aber oftmals hat er kaum Bedeutung. Auf der einen Seite haben wir ein ungezwungenes Gespräch, wie es uns oft von den Sehern aus Garabandal und von vielen der kleineren Visionen berichtet wird. Auf der anderen Seite haben wir die Forderungen nach Prozessionen, Kapellen, Kirchen usw., die nicht gerade Ausdruck großer Bescheidenheit sind. Es wäre denkbar, daß die Seher hier eine neue Möglichkeit sahen, Macht über die Behörden auszuüben, die ihnen vorher oft Schwierigkeiten bereitet hatten. Aber auch dieses Material beweist leider gar nichts.

5. *Prophezeiungen und Warnungen*

Die wichtigeren Teile der Gespräche lassen sich nach zwei miteinander zusammenhängenden Themen unterteilen: in Prophezeiungen und Warnungen. Die frühen Prophezeiungen sind verwirrend und können nicht im geringsten überzeugen. Im Fall von La Salette allerdings besteht kein Zweifel daran, daß die Botschaften der Erscheinung öffent-

lich bekanntgemacht wurden, noch bevor sich die Prophezeiungen erfüllten. Natürlich gab es immer wieder Menschen, die die Fähigkeit besaßen, bestimmte Dinge vorauszusagen; vielleicht besaßen auch die Kinder von La Salette diese Fähigkeit. Wenn dem so war, haben sie sich dann, obgleich unbewußt, entschlossen, ihr Wissen um die Zukunft auf eine Art mitzuteilen, von der sie annahmen, daß sie von ihren Freunden und Verwandten verstanden würde? Es gibt viele Erklärungsmöglichkeiten – daß die Prophezeiungen tatsächlich zutrafen, bleibt unbestritten. Bei den späteren Prophezeiungen, die noch nicht in Erfüllung gingen, liegt die Sache etwas schwieriger. Ich habe bereits meine Zweifel bezüglich des großen zeitlichen Abstandes geäußert, mit dem die Botschaften von Fatima weitergegeben wurden, und die dritte Prophezeiung – die dem Vatikan anscheinend seit 1960 bekannt ist, aber geheimgehalten wird – bleibt nicht mehr als eine Prophezeiung. Ähnliches gilt für die Prophezeiungen, die in Garabandal, Bayside und während der jüngsten Visionen gemacht wurden. Keine kann das Wirken der Himmelskönigin wirklich beweisen.
Wenn man La Salette einmal beiseite läßt, wo die Warnungen viel genauer und verständlicher lauteten als in den nachfolgenden Fällen, gelten dieselben Kritikpunkte auch für die Ankündigungen von Unheil und Verderben. Diese Art von Botschaften, die mehr Drohung als Warnung sind, kommt immer häufiger vor. Die Warnungen stehen in eigenartigem Kontrast zu den sektiererischen und charismatischen Erwartungen des Weltuntergangs. Während Fundamentalisten fast heiter auf die Erfüllung der Prophezeiung warten, auf den Antichrist, das Armaggedon, das Jüngste Gericht, wird in den Marienerscheinungen vor einem solchen Ende gewarnt, das allerdings nur dann eintreten soll, wenn sich die Menschheit nicht bessert, Rußland nicht bekehrt wird usw. Diese Art von Mahnungen ist typisch für Religionen, die nach dem Prinzip von Zuk-

kerbrot und Peitsche funktionieren und deren Anhänger sich seit Menschengedenken immer in religiösen Splittergruppen fanden. Alles in allem lassen also auch die Gespräche, die im Verlauf von Visionen stattfinden, kaum auf Kenntnisse schließen, die die Seher nur aus übernatürlichen Quellen gehabt haben könnten.

6. Heilungen und Bekehrungen

Viel Material, das allgemein angeführt wird, um die Glaubwürdigkeit von Visionen zu beweisen, stammt von Heilungen und Bekehrungen, die auf die Erscheinungen folgten. In einem Punkt muß man klar unterscheiden: während sehr viele Berichte über Heilungen vorliegen, die gut auf herkömmliche Weise erklärt werden können (einschließlich vieler früher Heilungen in Lourdes und Knock, die offiziell anerkannt wurden), gibt es auch andere Fälle, in denen offensichtlich eine direkte Verbindung zwischen dem Anbetungsort, an dem die Vision stattfand, und der Heilung bestanden haben muß. Dies gilt für beinahe alle Fälle, die in diesem Buch behandelt werden, und für viele weitere mehr. Einzelheiten über die Heilungen kann man aus den Büchern erfahren, die in der Bibliographie aufgelistet sind.

Aber sosehr die Heilungen auch faszinieren mögen und obwohl jede einzelne es wert ist, Beachtung zu finden, so liefern sie doch keine überzeugenden Beweise, was den Gehalt, die Quelle und die Bedeutung der Vision selbst anbelangt. Es gibt keinen einzigen Fall, wo die Jungfrau Maria selbst eine Heilung vollbracht hätte – ja, manchmal reagierte sie sogar mit Zurechtweisungen auf entsprechende Bitten oder überhörte sie einfach. Die meiste Zeit schienen die Erscheinungen mit ganz anderen Dingen beschäftigt zu sein, und im allgemeinen kam das Gespräch nur dann auf Heilungen, wenn die Seher das Thema aus-

drücklich ansprachen. Die Erwartung und der Glaube, daß Heilungen eine unmittelbare Folge der Begegnung mit einer Erscheinung oder mit einem Ort seien, an dem eine Vision stattfand, scheint jener Tradition zu entstammen, die im ersten Kapitel beschrieben wurde. Die modernen Erscheinungen hatten offensichtlich ganz andere Sorgen.
Die Lösung des Problems der Heilungen scheint mir ganz einfach. Nicht alle Visionen, die wir betrachtet haben, sind wahr oder glaubwürdig – andere sind es noch weniger. Aber Heilungen werden im Zusammenhang mit den unwahrscheinlichsten und dubiosesten Visionen berichtet. Tatsächlich scheinen die Visionen mit den Heilungen wenig zu tun zu haben. Wir sollten nicht Ursache und Wirkung verwechseln und eine Heilung als Echtheitsnachweis für das vorangegangene Ereignis werten. Meiner Meinung nach kann (nicht einmal bei Lourdes) eine Verbindung zwischen Vision und Heilung nicht bewiesen werden. Heilungen sind somit ungeeignet, wenn es um die Beschaffung von Beweisen geht.
Ähnliche Überlegungen kann man zu den Bekehrungen anstellen, die oft auf Marienerscheinungen folgen. In den meisten Fällen erfolgen Bekehrungen aufgrund von Gefühlen und äußeren Umständen und weniger aufgrund einer objektiven Betrachtung der Tatsachen. Das Gefühl, von einer bisher nicht erkannten Wahrheit plötzlich überwältigt zu werden – so jedenfalls habe ich meine Bekehrung erlebt – ist gewaltig, ein innerer Schock, der im Individuum ausgelöst wird. Meistens hält dieser Eindruck nicht lange an und braucht Verstärkung. Wie viele Menschen, die von Billy Graham in den Massenversammlungen der sechziger Jahre bekehrt wurden, sind auch heute noch begeisterte Christen wie er? Wenn man an die Marienerscheinungen, die riesigen Menschenansammlungen, die hohe Erwartungshaltung und Aufregung dabei denkt, wundert man sich nicht, daß viele, die als Beobachter kamen, als Be-

kehrte wieder gingen: das ist eine ganz normale, menschliche Erfahrung, die durch Berichte über Heilungen und andere Wunder nur überhöht wird. So scheinen also die Bekehrungen wenig über die Art der Erscheinung selbst auszusagen. Man findet sie in anderen Zusammenhängen auch in anderen Glaubensrichtungen. Manchmal werden Bekehrungen, so glaubhaft sie auch anmuten, von üblen Scharlatanen bewirkt. Sie sind durchaus nicht nur Ausfluß der göttlichen Allmacht.

Allgemein kann jetzt gesagt werden, daß die Beweislage der Visionen nicht schlüssig ist. Sie liefert uns für den Großteil der Fälle keine klare, vernünftige Erklärung und ist teilweise sogar widersprüchlich. Wäre ich der Detektiv, den ich vorher erwähnte, so würde ich folgenden Schluß ziehen: Die Seher berichten von Erfahrungen, in denen Mädchen und Frauen auftauchen, die unterschiedlicher Herkunft, Rasse und Alters und meist Angehörige des Landes sind, in dem die Erscheinung stattfindet. Vorausgesetzt natürlich nur, daß ich grundsätzlich an ihre physische Existenz glaube. Aber es gibt noch andere wichtige Gesichtspunkte.

Wenn wir einmal beiseite lassen, was ich aufgrund theologischer Überlegungen und aus meinem Glauben heraus annehme, auch wenn wir selbst die Schilderungen der Seher einmal ausklammern, dann stellt sich uns immer noch die Aufgabe, die Berichte über Visionen mit dem gesunden Menschenverstand zu untersuchen. Gibt es irgendeinen Grund dafür, warum die Jungfrau Maria, wenn sie sich dazu entschlossen haben sollte, vom Himmel herabzusteigen, nur Christen erscheint? Warum sollte sie sich vorwiegend wenig gebildeten Kindern aus bäuerlichem und rückständigem Milieu zeigen? Warum sollte sie nur Zeugen wählen, die kaum begreifen, was ihnen geschieht? Und warum sollte sie sich so seltsam benehmen, daß eine Bernadette Soubirous etwa zunächst glaubte, sie sei ein Dämon oder ein Geist? Warum weigerte sie sich so oft, sich klar zu erkennen zu geben, oder blieb sogar einfach stumm? Warum machte sie nur vage, zeitlich unbestimmte Prophezeiungen und gab mysteriöse, angsterregende Warnungen? Warum hinterließ sie keine sichtbaren Spuren, heilte selbst niemanden, obwohl man sie wiederholt darum bat, und forderte statt dessen Kapellen und Prozessionen? Nach welchen Gesichtspunkten wählte sie Ort und Zeit der Erscheinung? Warum erschien sie nur einmal in La Salette und Tausende von Malen in Garabandal? Und warum insbesondere sollte sie ihre Identität und ihre Absichten so verschleiern, daß Tausende von Forschern und Wissenschaftlern und Hunderte von Büchern und Broschüren bei dem Versuch, eine Erklärung für ihr Auftreten zu finden, kläglich versagten? Würde ein Wesen von dieser Intelligenz, das so auffällige und außergewöhnliche Handlungen vollbringt, seine Absichten nicht klar und deutlich äußern? Und trotzdem, wenn wir weiterhin annehmen, daß die Seher, bis auf wenige Ausnahmen vielleicht, keine Schwindler waren, dann müssen wir auch glauben, daß ihre Erlebnisse echt waren. Selbst wenn die Jungfrau Maria nicht persönlich zu Besuch kam, muß es eine Erklärung für die große Zahl von Erscheinungen geben, die wir dargestellt haben. Eine solche Erklärung kann nicht mit Hilfe der Religionsgeschichte oder mit dem herkömmlichen Verständnis von Wissenschaft gefunden werden. Sie dürfte in ein anderes, noch nicht allgemein anerkanntes Forschungsgebiet fallen.

Der Bezug zum Übernatürlichen

Obwohl dieses Buch Teil einer Serie ist, die sich mit Beweisen für ein breites Spektrum von übernatürlichen und parapsychologischen Phänomenen beschäftigt, möchte ich diesen Aspekt nicht überbewerten. Zu behaupten, die Jungfrau Maria sei ein paranormaler Fall, wäre nicht nur

eine Beleidigung für jeden Menschen, der an sie glaubt, es wäre auch falsch. Anhand von Erlebnisberichten erörtern wir einen Aspekt menschlicher Erfahrung: wir wollen diesen Aspekt nicht geheimnisvoller machen, als er ist. Trotzdem können viele der Visionen mit gewissen übernatürlichen Begebenheiten in Verbindung gebracht werden. Die Statistik legt nahe, eine solche Verbindung vor allem zu UFO-Fällen herzustellen.
Wenn es nicht Visionen der Jungfrau Maria waren, was war es dann? Es besteht kein Zweifel, daß ein Großteil der Erscheinungen miteinander zusammenhängen: die Seher wissen, was andere Seher vor ihnen erlebt haben. Die *wunderbare Medaille* ist im Umlauf, die Geschichte der Bernadette in Lourdes ist allgemein bekannt. Mit der Zeit wurde es immer einfacher, die einzelnen Bestandteile, die ein visionäres Erlebnis und seine Folgen ausmachen, herauszufinden. Citluk ist dabei fast ein Prototyp: dort findet sich jeder Bestandteil. Man darf deshalb annehmen, daß das Wiederkehren von Visionen auf das Unterbewußtsein zurückgeht, auf Erinnerungen an Visionen und Zusammentreffen mit einer weiblichen Idealgestalt, derer sich der Seher nicht bewußt ist. Diese Erinnerungen werden jedesmal aufgefrischt, wenn wieder Berichte über eine Erscheinung kursieren. Manche Autoren sind der Meinung, daß der Glaube selbst, genau wie die Gebete, Ereignisse *hervorrufen*, Visionen *hervorrufen* kann. Auf diese Vorstellung trifft man in der östlichen Mystik und Magie – ein Gedanke, der eigenen Willen und eigenes Leben annimmt. Gibt es auch eine einfachere, im Westen eher nachvollziehbare Erklärung? Ich habe erlebt, daß extrem protestantische Kreise die Visionen für etwas Dämonisches erklären, für ein Werk des Teufels, das die Menschen dazu verleiten soll, nicht nur an Christus zu glauben, sondern auch seine Mutter zu verehren und so das erste Gebot zu übertreten. Ich habe auch erfahren, daß manche oder alle Visionen als ein Mißverständnis von Begegnungen mit nicht-menschli-

chen Wesen von einem anderen Planeten oder aus einer anderen Dimension gedeutet werden. Keine der beiden Erklärungen, die sich zudem nicht beweisen lassen, löst das Problem. Es wurde auch versucht, die Visionen mit Poltergeist-Phänomenen – wie sie in Haushalten auftreten, in denen Mädchen im Pubertätsalter leben – in Verbindung zu bringen. Aber obwohl die Erscheinungen ähnlich wirken und auch von jungen Menschen erlebt werden, gibt es keinen offensichtlichen Bezug zwischen diesen Arten von Phänomenen.

Nützlicher wäre es vielleicht, Vergleiche mit bestimmten Arten von UFO-Erfahrungen anzustellen, besonders im Hinblick auf die Häufigkeit, mit der UFO-Zeugen von Begegnungen mit außerirdischen Wesen berichten. Der französische UFO-Forscher Gilbert Cornu hat die meteorologischen Abnormitäten zwischen 1900 und 1980, die als Erscheinungen von etwas »Göttlichem« gewertet wurden, gezählt. Er fand heraus, daß von 1947 an, als die »fliegenden Untertassen« in aller Welt durch die Presse geisterten, solche Berichte schlagartig zunahmen. Ferner stellten Cornu und italienische Forscher fest, daß die Zahl von Berichten über Marienerscheinungen 1947 sprunghaft anstieg und später während des Jahres 1954 noch einmal, als es in Frankreich eine neue UFO-Welle gab. Der Grund für diese Zusammenhänge ist nicht klar; sie sind aber sicher wichtig, selbst wenn sie nur zeigen, daß ein gehäuftes Auftreten bestimmter anormaler Ereignisse andere solche Ereignisse vermehrt nach sich zieht.

Was die Frage von Begegnungen mit anderen Wesen betrifft, liegen die Dinge ebenso unklar. Zwischen Visionen – in denen Menschen oft, wenn auch nicht immer, übernatürliche Wesen einer »höheren« oder »besseren« Welt sehen – und Begegnungen mit UFOs, die ähnlich ablaufen, *sollte* eine enge Verbindung bestehen. Jedoch unterscheiden sich diese Erfahrungen in fast allen Einzelheiten. Die Wesen aus UFOs können, besonders in den sogenannten »Entführungsfällen«, die Zeugen aus ihren Autos oder sogar aus ihren Häusern entfernen, sie medizinisch untersuchen, ihnen das Innere ihrer Raumschiffe zeigen, Informationen über andere Welten vermitteln usw. Nichts dergleichen geschieht bei Marienerscheinungen. Die Zeugnisse berichten selten von körperlichem Kontakt, die Umgebung ist nicht technologisch ausgestattet, der freie Wille des Sehers wird nicht angetastet und die Erscheinung selbst spricht nie über die Existenz eines Himmels oder wie es dort aussieht. Der große Unterschied im Aussehen der zwei Typen von übernatürlichen Wesen könnte mit der Erwartungshaltung und dem Glauben der Seher zusammenhängen, der völlige Unterschied im Auftreten und Verhalten kann allerdings nicht erklärt werden. Diese Überlegungen sprechen eher wieder dafür, daß sich die Visionen den »Geistererscheinungen« annähern. Auf dem Gebiet der Erforschung übernatürlicher Phönomene sind Visionen, die sich wie die Marienerscheinungen langsam und stufenweise entwickeln, nicht bekannt.

Eine Gruppe von Autoren hat sich bemüht, die Visionen sowohl im Rahmen aller religiösen Phänomene als auch im weiteren Rahmen des Übernatürlichen zu analysieren. Die meisten schrieben zwischen 1968 und 1980. Einer von ihnen, D. Scott Rogo, verfaßte nach dieser Zeit eine ausgezeichnete Abhandlung über religiöse Phänomene, *Miracles*[13] (Wunder), die 1982 veröffentlicht wurde.

Die Autoren sind John A. Keel[14], Jacques Vallée[15], Jerome Clark[16] und der oben erwähnte Scott Rogo[17]. Sie alle schrieben in erster Linie über das UFO-Phänomen und gelten allgemein als die bekanntesten Denker auf diesem Forschungsgebiet. Wenn auch einige von ihnen heute vielleicht nicht mehr ganz derselben Meinung sind, so stellen sie doch einen originellen und wertvollen Versuch dar. Die Autoren entdeckten, daß sich bestimmte übernatürliche oder unerklärliche Ereignisse und Erfahrungen während der gesamten Geschichte der Menschheit seit vorbiblischen

Zeiten fortlaufend wiederholen. Sie erkannten, daß sich diese Ereignisse in Einzelheiten unterscheiden oder anders entwickeln, im großen und ganzen aber ähneln, und daß bei allen eine Kugel – oft Lichtkugeln oder -massen – das Geschehen ankündigen oder einleiten. Sie kamen zu dem Schluß, daß es ein »Urereignis« geben muß, das dann je nach Erfahrung, Erwartung und möglicherweise nach dem geistigen und psychischen Zustand des Zeugen verschieden interpretiert wird. Die Autoren interessierten sich natürlich auch für das Lichtphänomen, das in Fatima beobachtet wurde, und fanden das »Sonnenwunder« sehr beeindruckend. Leider entging den Forschern die Beobachtung vieler Zuschauer, daß ein erstaunlich hohes Maß an Gemeinsamkeiten und Überschneidungen die jungen Seher in Fatima, Beauraing, Garabandal und anderswo miteinander verband, selbst als sie durch die versammelten Menschenmassen voneinander getrennt waren.

Die Theorie der Forscher leuchtet auf alle Fälle ein. Wenn Menschen über Tausende von Jahren hinweg behaupten, übernatürlichen Wesen begegnet zu sein, dürfen wir dann annehmen, daß sie alle Täuschungen erlagen? Oder gibt es tatsächlich übernatürliche Wesen, mit denen man Kontakt aufnehmen kann? Wäre es vielleicht vernünftiger anzunehmen, daß die übernatürlichen Wesen alle gleichen Ursprungs sind und den Sehern über die Jahre hinweg nur verschieden *erscheinen?*

Ich arbeite bei meinen Forschungen nach dem Prinzip, daß die wahrscheinlichste Erklärung die ist, welche die geringste Unwahrscheinlichkeitsquote aufweist. In diesem Fall scheint mir die letzte der drei Erklärungsmöglichkeiten die beste zu sein.

Nach dieser Theorie kann man die Marienerscheinungen (Lourdes, Fatima und Garabandal sind die am häufigsten erwähnten) als ein Stadium in der Entwicklung der Theorie insgesamt sehen, irgendwo zwischen den Legenden von den »kleinen Männchen« und der Ankunft von UFOs.

Einfacher ausgedrückt behauptet die Theorie: was 1858 einem jungen Bauernmädchen im katholischen Lourdes als die Jungfrau Maria erscheint, kann 1983 einem Teenager des Raumfahrtzeitalters gut als ein außerirdisches Wesen vorkommen, obwohl es tatsächlich vielleicht weder das eine noch das andere ist. Wenn man das Prinzip akzeptiert, daß Leute das sehen, was sie erwarten zu sehen oder, etwas komplizierter ausgedrückt, daß Zeugen psychisch mit Visionen interagieren und dieser Kontaktaufnahme eine bestimmte Form geben, so daß andere Personen das gleiche Phänomen wahrnehmen können, dann mag eine solche Theorie durchaus Gültigkeit besitzen. Man könnte sie auf Pontmain, Beauraing, Fatima, Garabandal und sogar auf Zeitoun oder La Salette anwenden. Diese Theorie ist es wert, ernst genommen zu werden, auch wenn es bestimmte Einwände, unter anderem religiöser Art, dagegen gibt.

Der Beweis im Übernatürlichen – Versuch einer Schlußfolgerung

Es besteht ein feiner Unterschied darin, ob man die Visionen als Teil einer Theorie des Übernatürlichen darstellt, oder ob man annimmt, daß die Seher nur miteinander verbindet, daß sie selbst »anormal« sind. Dieser Gedanke taucht selten auf, vielleicht weil er die »Heiligkeit« der Visionen in Frage stellen würde. Zwischen Visionen und übernatürlichen »Ereignissen« wie UFO-Landungen, Kontakte zu außerirdischen Wesen, Entführungen, Geistern, Poltergeistern, Erscheinungen, halluzinatorischen und ekstatischen Erlebnissen gibt es wenig direkte Verbindungslinien. Die Visionen sind ein selbständiges Phänomen mit eigener Tradition. Bestenfalls im Negativen lassen sich Parallelen ziehen. So kann etwa die Echtheit der betreffenden Berichte bestritten werden. Auch das Fehlen überzeugender Fotografien, das bäuerliche Milieu als Schauplatz vieler Ereignisse, die lückenhafte Berichterstattung, das Nichteintreten von Prophezeiungen und der unbefriedigende Beweisstand in der Mehrheit der Fälle gehören hierher. Sowohl Kontakte zu UFOs als auch Marienerscheinungen haben außerordentlich zahlreich stattgefunden, und trotzdem können wir uns nicht einmal auf das Allergrundlegendste einigen. Die Beweislage ist in beiden Bereichen so schlecht, daß man schon fast an eine bewußte Verwirrung der Tatsachen glauben könnte.

Es gibt noch einen anderen Berührungspunkt zwischen Visionen und Erfahrungen im übernatürlichen Bereich: beide Arten von Erfahrungen sind höchst persönlich. Es wäre absurd, die Visionen im Rahmen von Gruppenhalluzinationen oder Massenhysterie diskutieren zu wollen. Obwohl sich oft große Menschenmengen an den Schauplätzen von Visionen einfanden und darauf hofften, die Erscheinung zu sehen und an dem Erlebnis der Seher teilzuhaben, geschah nie etwas dergleichen. Das einzige, was die hoffnungsvoll angereisten Menschen erlebten, war eine große Enttäuschung. Selbst in Fatima scheinen das Erlebnis der Seher und das Phänomen, das die Zuschauer wahrnehmen, nichts miteinander zu tun zu haben. Genau wie bei Erfahrungen mit dem Übernatürlichen wissen wir auch über die Visionen nicht mehr, als was uns die Seher darüber berichten.

Die Seher scheinen eine gewisse Sensibilität zu besitzen, die mit Hellseherei oder einem Sinn fürs Übernatürliche erklärt werden kann – nennen Sie es, wie Sie wollen. Viele Personen, die als Erwachsene dafür bekannt sind, in Kontakt mit dem Übernatürlichen treten zu können, berichten davon, in ihrer Kindheit Wesen gesehen zu haben, die ihre Familienangehörige und andere Anwesende nicht wahrnahmen. Wäre es denkbar, daß diese Personen Erscheinungen der Jungfrau Maria erlebt hätten, wenn sie in katholischen Familien aufgewachsen wären und von früheren Visionen anderer Kinder gehört hätten? Wäre das vielleicht eine Erklärung?

Für die außergewöhnlich gute Kommunikation, die unter den Sehern herrschte, gibt es mehr Beweismaterial. Untersuchungen in Beauraing und Garabandal beweisen, daß die Seher, obwohl man sie voneinander getrennt und an verschiedene Orte in der Menschenmenge verteilt hatte, gleichzeitig auf bestimmte unbekannte Stimuli reagierten. In Garabandal gab es noch andere Phänomene. Die Kinder schienen unabhängig voneinander, aber stets im selben Augenblick zu wissen, wann die Erscheinung beginnen würde. Mit größter Leichtigkeit bewegten sie sich in der Dunkelheit über unebene und steinige Wege und liefen rückwärts, ohne zu stolpern. Manche behaupten auch, die Kinder seien geschwebt, als sie zu viert Arm in Arm eine kleine Brücke überquerten, auf der eigentlich nur zwei Personen nebeneinander Platz hatten. Die Kinder in La Salette machten Prophezeiungen, die wirklich eintrafen. Die Kinder von Pontmain schienen eine große und unerwartete Wende im Verlauf eines Weltkrieges vorherzusehen. Wie ich bereits erwähnte, kann nicht bewiesen werden, daß die Jungfrau Maria selbst an diesen Erfahrungen teilhatte. Könnten die Kinder diese Informationen nicht selbst irgendwie aufgegriffen haben, wie diejenigen, die in der Nacht vor dem Unglück in dem Bergarbeiterdorf Aberfan von schreienden Kindern träumten? Wenn es sich so verhält, müssen wir annehmen, daß die Seher tatsächlich Kontakte mit dem Übernatürlichen aufnehmen konnten, wenn auch nur für wenige Minuten oder Stunden. Die Kontrolle eines der Kinder über die anderen – wie wir sie besonders in Fatima finden – deutet auch auf das Vorhandensein einer außergewöhnlichen Kraft hin, die mit Gruppenhalluzination überhaupt nichts zu tun hat. Könnte es sein, daß die ekstatischen Zustände, die manchmal im Verlauf von Visionen – am häufigsten in Garabandal – beobachtet wurden, die Ausübung übernatürlicher Kräfte anzeigten oder ein Symptom dafür waren, daß diese Kräfte bereits am Werk waren? Dienen der Glaube und die Überzeugung, daß die Jungfrau Maria gegenwärtig sei, vielleicht dazu, gewisse Hemmungen zu überwinden, die das Freisetzen solcher Fähigkeiten verhindern würden?

Dies sind Fragen, die wir heute nicht beantworten können und wohl auch nie beantworten werden können, selbst wenn fähige Forscher in absehbarer Zukunft eine Reihe von Fällen untersuchen werden. Der Fall Blandine Piegays schien eine gute Gelegenheit zu bieten, aber man hielt es für angebrachter, Diskretion zu bewahren. So ging auch diese Gelegenheit vorbei. Heute steht uns eine Vielzahl von Beweismaterial zur Verfügung, das oft unstimmig und widersprüchlich ist. Wir können nicht sagen, was es beweist, sondern nur was es *nicht* beweist. Es beweist nicht, daß die Seher ihre Geschichten frei erfanden, es beweist aber auch nicht, daß die Jungfrau Maria mit dem Körper, mit dem sie in den Himmel einging, wieder auf die Erde herabstieg, um einer oder mehreren Personen an einem der etwa 200 Orte zu erscheinen, an denen sie während der vergangenen 150 Jahre »gesehen« wurde. Die Wahrheit bewegt sich vermutlich irgendwo zwischen diesen beiden Extremen. Und obwohl das Phänomen vielleicht kein größeres Geheimnis über den Grund unseres Daseins in sich birgt, gehört es doch zweifellos zu den faszinierendsten, bislang ungeklärten Fragen auf dem Gebiet übernatürlicher Erfahrungen. Auch in der Zukunft wird es noch zu vielen Forschungsarbeiten Anlaß geben.

12

Eine persönliche Stellungnahme

Mehrere Jahre lang habe ich Marienerscheinungen untersucht und bin dabei ziemlich enttäuscht worden: die meisten Fälle erwiesen sich als weniger substantiell als ich ursprünglich vermutet hatte. In den sieben größeren Fällen – La Salette, Lourdes, Pontmain, Fatima, Beauraing, Banneux und Garabandal – haben wir insgesamt nur 19 Zeugen, die uns über den Ablauf der Vision unterrichten können. Alle sind ungebildete Kinder mit geringer Lebenserfahrung. Die zeitgenössischen Untersuchungen sind oft mangelhaft und unvollständig, und die Zeugen selbst verfaßten ihre Berichte meist erst viele Jahre nach dem Ereignis. Ein Großteil des Beweismaterials ist unbrauchbar und seine Auswertung mit großen Problemen verbunden.

Alles in allem bin ich zwar bereit zu glauben, daß die Seher ihre Visionen wirklich erlebt haben, aber ich bin nicht davon überzeugt, daß irgendeine außerirdische Kraft oder Intelligenz an den Erscheinungen beteiligt war. Um die Ereignisse wirklich von jedem Zweifel zu befreien, wären natürlich ganz besonders schlagende Beweise notwendig. Allerdings sollten diese Beweise der Intelligenz angemessen sein, die man gerade beweisen will. Auch der Umstand, daß man in den Visionen keinen klaren Sinn entdecken kann, läßt mich an ihrem göttlichen Ursprung zweifeln.

Ich erwähnte schon, was meiner Meinung nach die beste Methode ist, sich mit solchen Dingen auseinanderzusetzen: Man sollte als wahrscheinlichste Erklärung die wählen, die am wenigsten unwahrscheinlich ist. Demnach könnte an den Geschichten über die Visionen eines wahr sein, daß es nämlich zu Kontakten mit einem »überirdischen Wesen« kam, von dem man sich über Jahre hinweg mit Glaube und

Hoffnung eine Vorstellung gebildet hatte und das von Menschen wahrgenommen wurde, die innerlich darauf vorbereitet waren und das entsprechende »Vorwissen« hatten. Ein solches Vorwissen findet man ähnlich bei spiritistischen Medien und bei Hellsehern.
Die Untersuchung der Zeugen von Marienerscheinungen machte meiner Meinung nach klar, daß diese Kinder »bewußter«, »sensibler« waren als andere Kinder ihres Alters. Dies könnte man auf ihr hartes und entbehrungsreiches Leben, auf ihren Glauben und auf eine Reihe anderer Gründe zurückführen.
Gewöhnlich erklären Medien ihre übernatürlichen Fähigkeiten damit, daß sie »Führer« oder andere Helfer aus dem Jenseits haben. Ich war enttäuscht, als Uri Geller, der anfänglich angab, selbst für seine Taten verantwortlich zu sein, uns später Geschichten von hilfreichen Wesen aus dem Überirdischen auftischte. Ähnliche Geschichten erzählten Hexen – die Wunderheiler und Medien früherer Zeiten –, die ihre Fähigkeiten auf das Wirken übermenschlicher Kräfte zurückführten.
Dasselbe gilt für Aleister Crowley und für etliche mir bekannte Christen, die, wenn sie hart an etwas gearbeitet hatten und zum Erfolg gelangt waren, immer gleich ausriefen: »Lobet den Herrn.« Vielleicht übernehmen wir nicht gerne die Verantwortung für den Schaden und das Unheil, die wir anrichten, aber genauso ungern halten wir uns etwas darauf zugute, auf das wir mit Recht stolz sein könnten.
Viel von dem, was wir über die Visionen wissen, wissen wir vom Hörensagen und von Berichten aus zweiter Hand. Wenn wir Aussagen machen wollten, die über die Feststellung hinausgehen, daß die Kinder-Seher geistige Fähigkeiten ausschöpfen, die normalerweise in uns schlummern, dann würden wir eine neue Informationsquelle benötigen. Für den Moment kann ich nur sagen: Ich bin weit davon entfernt zu glauben, daß die Jungfrau Maria im Laufe der

vergangenen 1900 Jahre die Erde besucht hat. Aber ich bin mehr denn je daran interessiert zu begreifen, warum so viele Menschen diesen Glauben felsenfest vertreten. Die Seher sind normale Menschen, die außergewöhnliche Erlebnisse haben. Wenn wir herausfinden, was ungebildete Kinder wahrnehmen können, obwohl wir Erwachsenen es nicht wahrnehmen, dann haben wir unsere Zeit nicht sinnlos vertan.

ANHANG

Bibliographie und Leseliste

Wie bereits erwähnt, lassen sich für das in diesem Buch verwendete Material oft keine genauen Literaturhinweise geben. Häufig wurden mehrere Quellen gleichzeitig verarbeitet. Wo immer es möglich war, habe ich die nützlichsten und objektivsten Abhandlungen vermerkt, aus denen ich die Erzählberichte über bestimmte Fälle entnahm. Viele dieser Werke sind in England nicht auf dem Markt und nur schwer zugänglich. In den Büchern, die unter der Abteilung »Allgemeine Darstellungen« aufgelistet werden, findet sich jedoch eine Unmenge wichtiger Informationen. Viele dieser Bücher enthalten daneben verläßliche Versionen von den meisten der größeren Fälle.

Wo im Text direkt Bezug auf ein bestimmtes Buch genommen wird, ist dies in Klammern vermerkt.

Allgemeine Darstellungen

Aradi, Zsolt, *The Book of Miracles*, Monarch Publications (USA), 1956.
Beevers, John, *The Sun Her Mantle*, Browne and Nolan, Dublin, 1953 **(12)**.
Delaney, John J. (ed.), *The Woman Clothed with The Sun*, Image Books, New York, 1961 **(9)**.
Gallery, John Ireland, *Mary Versus Lucifer*, Bruce (USA), 1960.
Hellé, Jean, *Miracles*, Burns and Oates, 1953 **(6)**.
Pelletier, Joseph A., *The Immaculate Heart of Mary*, Assumption Publications (USA), 1968.
St John, Bernard, *The Blessed Virgin in the Nineteenth Century*, Burns and Oates, n.d. **(8)**.

Frühe Visionen
Christian Jr., William A., *Apparitions in Late Medieval and Renaissance Spain,* Princeton University Press, 1981 **(2).**

Fisher, Claude, *Walsingham Lives on,* Catholic Truth Society (London), 1979.

Herolt, Johannes, *Miracles of the Blessed Virgin Mary,* tr. C. C. S. Bland, Routledge, 1928 **(1).**

Johnston, Francis, *The Wonder of Guadalupe,* Augustine Publishing Company, Devon, 1981 **(3).**

Pontmain
Richard, L'Abbé, *The Apparition at Pontmain,* tr. F. C. Husenbeth, Burns and Oates, 1871 **(7).**

Knock
Rynne, Catherine, *Knock 1879–1979,* Veritas Publications, Dublin, 1979.

Fatima
Barthas, C. C., and Da Fonesca, G., *Our Lady of Fatima,* Clonmore and Reynolds, Dublin, 1947.

de Marchi, John, *Fatima. The Facts,* Mercier Press, Cork, 1950 **(18).**

Johnston, Francis, *Fatima. The Great Sign,* Augustine Publishing Company, Devon, 1980.

McGlynn, Thomas, *Vision of Fatima,* Skeffington and Son Ltd., 1951.

Pelletier, Joseph A., *Exciting Fatima News,* Assumption Publications (USA), 1975.

Ryan, Finbar, *Our Lady of Fatima,* Richview Press, Dublin, 1939.

Walne, Damien, and Flory, Joan, *Oh, What a Beautiful Lady,* Augustine Publishing Company, Devon, 1980.

La Salette
Carlier, Revd Louis, *The Apparition of Our Lady on the Mountain of La Salette*, Missionaries of La Salette, Connecticut, 1911.

Gouin, Abbé, *Sister Mary of the Cross, Sheperdess of La Salette*, privately published, n.d.

Kennedy, John S., *Light on the Mountain*, Browne and Nolan, Dublin, 1954.

Ullathorne, Most Revd William, *Der heilige Berg von La Salette*, dtsch. v. Carl B. Reiching, Regensburg 1855.

Lourdes
Andrews, Bernadette, *She Met Our Lady*, Catholic Truth Society (London), 1979.

Deery, Joseph, *Our Lady of Lourdes*, Browne and Nolan, Dublin, 1958.

Estrade, J. B., *The Grotto of Lourdes*, tr. J. H. B. Girdlestone, Art and Book Company, 1912 (?).

Neame, Alan, *The Happening at Lourdes*, Hodder and Stoughton, 1968 **(5)**.

Walne, Damien, and Flory, Joan, *Oh, Yes... I Saw Her*, Dites Publications (UK), 1979.

West, Donald J., *Eleven Lourdes Miracles*, Duckworth, 1957.

Beauraing
Sharkey, Don, and Debergh, Joseph, *Our Lady of Beauraing*, Hanover House (USA), 1958 **(11)**.

Thurston, Herbert, *Beauraing and Other Apparitions*, Burns Oates and Washbourne, 1934 **(10)**.

Banneux
Beevers, John, *Virgin of the Poor*, Abbey Press (USA), 1972.

Garabandal

Laffineur, M., and Le Pelletier, M. T., *Star on the Mountain*, Our Lady of Mount Carmel (USA), 1968.

Pelletier, Joseph A., *God Speaks at Garabandal*, Assumption Publications (USA), 1970.

Sanchez-Ventura y Pascual, F., *The Apparitions of Garabandal*, San Miguel Publishing Company, Detroit, 1966.

Neuere Visionen

Fortean Times, a magazine that usually includes, amongst a vast array of Fortean and anomaly material, full reports of all Marian phenomena as they occur. The address is: BM – Fortean Times, London WC1 N3XX.

Michael Journal (also known as *Michael Fighting*), Rougemont, PQ, Canada.

Auswertung des Beweismaterials

Clark, Jerome, and Coleman, Loren, *The Unidentified*, Warner, New York, 1975 **(16)**.

Keel, John A., *UFOs: Operation Trojan Horse*, Putnam, New York, 1970 **(14)**.

Scott Rogo, D., *Miracles. A Parascientific Inquiry into Wondrous Phenomena*, Dial Press, New York, 1982 **(13)**.

–, *The Haunted Universe*, New American Library, New York, 1977 **(17)**.

Vallée, Jacques, *The Invisible College*, E. P. Dutton and Company, 1975 **(15)**.

Register

Abgang der Visionen, 185
Ablandins (Ort der Visionen von), 35
Ankunft der Visionen, 185
Aquero, 55
Banneux, Visionen in, 133–140
Barbadette, Eugène und Joseph, 67–76
Bayside, Nex York, 173 f.
Beauraing, 119–130
Beco, Louise, 135 f.
Beco, Mariette, 133–140
Beirne, Dominick (Junior), 86
Beirne, Dominick (Senior), 86
Beirne, Margaret, 87
Beirne, Mary, 82 ff.
Beirne, Patrick, 88
Berman, David, 89 f.
Bischof, Samuel, 172
Blumen (die in Fatima vom Himmel regnen), 104
Boitin, Augustine, 72
Briss, Adele, 158 f.
Catholic Truth Society, 28
Citluk, 130 f.
Cornu, Gilbert, 195
Cova da Iria (Ort der Visionen von Fàtima), 99
Darlington, Melanie Mathies Aufenthalt in, 44

Degeimbre, Andrée und Gilberte, 119–130
Diego, Juan, 21 ff.
Engel,
  in Fatima, 100 f., 115 f.
  in Garabandal, 145 ff.
  in Knock, 88
  in La Talaudiere, 176
  in Paris, 27
Estrade (in Lourdes bekehrter Steuerinspektor), 58
Etikhove, 165
Evans, Hilary, 177 f.
»Everyman« (BBC-Fernsehsendung), 143
Ekstatische Wanderungen (in Garabandal), 150
Faguette, Estelle, 159 f.
Falscher Seher (in Lourdes), 181
Fatima, 72–116
Flushing-Meadow-Park (Ort der Bayside-Visionen), 173
Garabandal, 143–153
Geister (Visionen), 55
Giraud, Maximin, 36–45
Goldenes Herz, Visionen, 127 f.
Gonzalez, Conchita, Jacinta und Mari Cruz, 143–153

215

Grippe-Epidemie, 101
Guadalupe, 21 ff.
Heilungen,
  in Beauraing, 123 ff.
  in Lourdes, 190 f.
  in Pellevoisin, 159 f.
Hill, Patrick, 87
Hostie, Wunder der (in Garabandal), 148 ff.
Ignatius, Peter, 161 f.
Kapellen, Forderung des Baus von, 62, 126, 177
Knock, 79–93
Kugel der Vergeltung, 174
La Salette, 35–45
La Talaudiere, 176 ff.
Labouré, Catherine, 27–31
Lagues, Marie, 51 ff.
Laterna magica (möglicher Gebrauch derselben), 91
Laval, preußischer Marsch auf, 67
Le Laus, 25 ff.
Lebosse, Jeanne-Marie, 71 f.
Leuken, Veronica, 172 f.
Losungen (in Garabandal), 147
Lourdes, 49–63
McLoughlin, Mary, 81
Mariamakk, 167 ff.
Marpingen, 163
Marto, Francisco und Javinta, 97–116
Massabielle (Ort der Lourdes-Visionen), 49
Mathieu, Melanie, 35–45
Mazon, Loli, 144–153
Memoiren der Schwester Maria Lucia, 98, 114 f.
Mettenbuch, 163
Montichiari, 166
Neuholz, 163
»O Dia« (Zeitung), 107 f.
»O Seculo« (Zeitung), 108
Ohio, Visionen in, 166
Onkerzele, 165
»Ordem« (Zeitung), 111
Päpste,
  Johannes Paul II., 79 f.
  Kyrillos VI., 172
  Leo XIII., 26
  Pius IX., 27
Pellevoisin, 159 f.
Piegay, Blandine, 176–178
Poltergeist-Phänomene, 195
Pontmain, 67–76
Preußische Armee, Rückzug der, 76
Prophezeiungen,
  in Bayside, 173
  in Garabandal, 152 f.
  in La Salette, 40 f.
  in Paris, 28 f.
Quellen (Wasserquellen, möglicherweise wunderbare), 25, 45, 59, 138
Rencurel, Benoit, 25
Richeldis, 17
Richer, Francoise, 72
Rue de Bac, 27

Santos, Lucia, 97–115
Schweißtuch der heiligen Veronika, Schwester Maria vom Kreuz, 44
Selme, Pierre, 37 f.
Sonnenwunder (in Fatima), 103 ff.
Soubirous, Bernadette, 49–63
Stumme Erscheinungen, 187 f.
Täuschung, Möglichkeit einer (in Knock), 90
Tepeyac, Mexiko (Ort der Guadalupe-Vision), 21–25
Teufel, 55
Tilly-sur-Seulles, 163 f.
Trench, Bridget, 82 f.
Ullathorne, Pfarrer William, 39

UFOs, 193–199
  in Banneux, 137 f.
  in Fatima, 102 f.
  in La Salette, 39 f.
Valinhos, 103
Vitaline, Schwester, 70
Voisin, Albert, Fernande und Gilberte, 119–130
Walsh, Patrick, 85 f.
Walsingham, 16 ff.
Warnungen, 188 ff.
  in Garabandal, 151 f.
  in La Salette, 40 ff.
  in La Talaudiere, 177
Wunder, 18 ff.
Wunderbare Medaille, 26 ff., 54, 57, 73
Zeitoun, 170 ff.
Zola, Emile, 49

Sachbuch

Taschenbücher

**Band 3757
288 Seiten
ISBN 3-426-03757-2**

Die Wissenschaft vergrößert unsere Erkenntnis täglich, und doch gibt es immer noch Tausende von Fragen, die unbeantwortet geblieben sind, viele Rätsel, die nie gelöst wurden.

Der englische Journalist Nigel Blundell hat es sich in den Kopf gesetzt, einige der größten Geheimnisse, die die Welt beschäftigen, zu entschleiern, ihren Spuren nachzugehen ...

Sachbuch

Taschenbücher

**Band 3758
288 Seiten
ISBN 3-426-03758-0**

Die Geschichte der Genies, die scheinbar unbeirrbar auf ihr Lebensziel zusteuern, ist wieder und wieder geschrieben worden. In unbekanntem Dunkel hingegen liegt die Geschichte der Versager. Dabei haben zu allen Zeiten Fehlleistungen ebenso wie die genialen Erfindungen und Eroberungen das Antlitz unserer Welt verändert. Oft waren es nur kleine Fehler, die auf tragische oder komische Weise gewaltige Folgen hervorbrachten. Kolumbus hätte Amerika nicht entdeckt, wäre er nicht einem kleinen, aber entscheidenden Fehler aufgesessen ... Der Aufstieg der Mafia zur größten Verbrecherorganisation der Welt hätte verhindert werden können, wäre den amerikanischen Behörden nicht ein krasses Fehlurteil unterlaufen ...

Diese und viele weitere Beispiele von Versagern historischer Größe hat der englische Journalist Nigel Blundell sorgfältig recherchiert und zu einem ebenso spannenden wie lehrreichen Buch zusammengetragen, das wie kein zweites die aktuelle Gültigkeit einer alten Lebensweisheit belegt: *Irren ist menschlich!*

Sachbuch

Taschenbücher

Band 3759
240 Seiten
ISBN 3-426-03759-9

Exzentriker, Käuze, Spinner und Spaßvögel haben schon immer diese Erde bevölkert und uns »normale« Menschen mit ihrer Lebensweise und ihren Ideen in Erstaunen versetzt.
In diesem Buch geben sich die skurrilsten Persönlichkeiten ein Stelldichein. So wie der Naturwissenschaftler, der seinen Gästen Mäuse auf gebuttertem Toast vorsetzte, der Vikar aus Cornwall, der behauptete, eine Meerjungfrau zu sein, und und und ...
Ein Sammelsurium von köstlichen, interessanten, »verrückten« Figuren, die wenig oder eben gar keinen Wert darauf legten, sich auch nur irgendwie anzupassen.

Taschenbücher

**Band 3869
240 Seiten
ISBN 3-426-03869-2**

In Italien, wo das Übersinnliche nie in den Verruf kam, nicht zur Wirklichkeit zu gehören, ist Rainer Holbe Phänomenen nachgegangen, die auf den ersten Blick unglaublich erscheinen. Er besuchte Selbsthilfegruppen, in deren Arbeit sich Psychotherapie und archaische Schicksalsdeutung auf erstaunliche Weise verbinden, begegnete Heilern, deren unerklärliche Künste selbst in öffentlichen Krankenhäusern geschätzt werden, und fand am Rocca di Papa, dem Papstfelsen, eine Straße, auf der die Schwerkraft aufgehoben scheint, ihre Gesetze ins Gegenteil verkehrt sind. Dem Zweifler steht es frei, die Reise selbst zu unternehmen.

Taschenbücher

**Band 3784
224 Seiten
ISBN 3-426-03784-X**

Seit Jahrhunderten bewegt die Menschen das Geheimnis des Bermuda-Dreiecks, in dem auf mysteriöse Weise Schiffe und Flugzeuge spurlos verschwanden.

    Übernatürliche Kräfte?
    Außerirdische Mächte?
    Was steckt hinter diesem Phänomen?

David Group geht in diesem sorgfältig recherchierten Bericht dem Geheimnis auf die Spur und fördert dabei neue, erstaunliche Aspekte zutage.

Taschenbücher

Band 1349
320 Seiten
ISBN 3-426-01349-5

Erfahrungen mit dem Übersinnlichen beinhalten die zahlreichen »unglaublichen Geschichten«, die Rainer Holbe für diesen Band zusammengestellt hat. Es sind Erlebnisberichte von namhaften Autoren und Künstlern wie

Johannes von Buttlar, Frank Elstner,
Marie Louise Fischer, Erich von Däniken,
Peter Hofmann, Henry Jaeger, Christine Kaufmann,
Fidelio Köberle, Johanna von Koczian, Bruce Low,
Jürgen Marcus, Ernst Meckelburg, Winfried S. Noe,
Sandra Paretti, Johannes Mario Simmel
Jürgen Thorwald und vielen anderen.